国家出版基金项目
NATIONAL PUBLICATION FOUNDATION

教育强国战略研究系列书

人力资源强国
指标体系与监测评估研究

RENLI ZIYUAN QIANGGUO
ZHIBIAO TIXI YU JIANCE PINGGU YANJIU

主 编■韩 民 高书国

SPM 南方出版传媒

全国优秀出版社　全国百佳图书出版单位　广东教育出版社

·广州·

图书在版编目（CIP）数据

人力资源强国指标体系与监测评估研究／韩民，高书国
主编. —广州：广东教育出版社，2019.9
（教育强国战略研究系列书）
ISBN 978 – 7 – 5548 – 3010 – 9

Ⅰ. ①人… Ⅱ. ①韩… ②高… Ⅲ. ①人力资源管理—发
展战略—研究—中国 Ⅳ. ①F249.21

中国版本图书馆 CIP 数据核字（2019）第 202816 号

责任编辑：陈洁辉
责任技编：涂晓东
装帧设计：苏永基

广 东 教 育 出 版 社 出 版 发 行
（广州市环市东路472号12 –15楼）
邮政编码：510075
网址:http://www.gjs.cn
广东新华发行集团股份有限公司经销
广东鹏腾宇文化创新有限公司印刷
（广东省珠海市高新区科技九路88号七号厂房）
787毫米×1092毫米 16开本 9.75印张 195 000字
2019年9月第1版 2019年9月第1次印刷
ISBN 978 – 7 – 5548 – 3010 – 9
定价：48.00元
质量监督电话：020 – 87613102 邮箱：gjs – quality@nfcb.com.cn
购书咨询电话：020 – 87615809

前　言

一

人力资源是指一个社会实现其发展可动员、开发、利用的具有现实劳动能力和潜在劳动能力人口的总和，是最重要的财富基础和战略资源。人力资源的充分开发、合理配置和有效利用，是实现一个社会可持续发展的关键。

"人力资源强国"是我国提出的一个概念，是指人力资源在数量、质量、结构、开发能力及利用效率等方面达到世界先进水平的国家。提出这个概念的目的是加快推进我国的人力资源开发和利用，因为人力资源强国是实现"两个一百年"奋斗目标的重要基础，是实现中华民族伟大复兴中国梦的重要保障，要实现社会主义现代化强国的战略目标，就必须坚定实施人才强国战略，加快建成人力资源强国。

2006 年 8 月 29 日，时任中共中央总书记的胡锦涛同志在中共中央政治局举行的第三十四次集体学习会上指出，必须坚定不移地实施科教兴国战略和人才强国战略，切实把教育摆在优先发展的战略地位，推动中国教育事业全面协调可持续发展，努力把中国建设成为人力资源强国，为全面建设小康社会、实现中华民族的伟大复兴提供强有力的人才和人力资源保证。2007 年，党的十七大报告提出"优先发展教育，建设人力资源强国"。此后，建设人力资源强国成为我国教育发展的重要战略目标。

中共中央、国务院 2010 年发布的《国家中长期教育改革和发展规划纲要（2010—2020 年）》提出，"实施科教兴国战略和人才强国战略，优先发展教育，完善中国特色社会主义现代教育体系，办好人民满意的教育，建设人力资源强国"，作为 2010 年中国教育发展的三大战略目标之一，提出要"进入人力资源强国行列"。

教育是建设人力资源强国的根本途径。习近平曾明确指出："百年大计，教育为本。教育是人类传承文明和知识、培养年轻一代、创造美好生活的根本途径。"在 2019 年全国教育大会上的重要讲话中，习近平强调，教育是民族振兴、社会进步的重要基石，是功在当代、利在千秋的德政工程，对提高人民综合素质、促进人的全面发展、增强中华民族创新创造活力、实现中华民族伟大复兴具有决定性意义。教育是国之大计、党之大计。

二

教育部教育发展研究中心课题组对人力资源强国的内涵及其指标体系的研究始于

2007 年。当时，为了配合《国家中长期教育改革和发展规划纲要（2010—2020 年）》的研究、制定和起草，教育部教育发展研究中心启动了教育部教育改革和发展战略与政策研究重大课题"人力资源强国内涵、特征与指标体系研究"，该研究的成果为国家中长期教育规划纲要的制定提供了理论和政策依据。2010 年该课题研究成果，由北京师范大学出版社以《人力资源强国报告》为名正式出版。该研究对人力资源强国的内涵、特征和指标体系进行了较为系统的研究和论证，提出了人力资源竞争力评价模型与方法，并搜集数据对 2009 年全球人力资源竞争力进行了排名。

《国家中长期教育改革和发展规划纲要（2010—2020 年）》颁布实施以后，为了对其中提出的"进入人力资源强国行列"的战略目标实现程度进行监测评估，改进和优化人力资源强国评价指标体系，教育部教育发展研究中心的研究团队先后启动了国家社会科学基金"十二五"规划 2012 年度教育学一般课题"人力资源指标体系与监测评估研究"（课题一）、教育部哲学社会科学研究重大课题委托项目（教育政策研究）"人力资源强国水平评估"（课题二）和国家哲学社会科学国家项目"人力资源强国指标体系建设与实证研究"（课题三）等若干相关研究课题。

2015 年，为了对《国家中长期教育改革和发展规划纲要（2010—2020 年）》的实施状况进行中期评估，教育部教育发展研究中心课题组与北京科技大学合作，历时 1 年半，对此前的人力资源强国评价指标体系加以改进，同时收集、整理和分析相关数据，对全球主要国家的人力资源强国建设水平进行了评估和比较，形成了《2015 年人力资源强国评价报告》。

本书是在整合并深化上述研究成果的基础上形成的。随着 2020 年的临近，对人力资源强国的实现程度进行客观评价与监测评估，对加快推进人力资源强国建设具有重要意义。建设人力资源强国是我国长期的战略目标和任务，2019 年初，中共中央、国务院发布了 2020 年后的中长期教育规划——《中国教育现代化 2035》，其中明确提出："再经过 15 年努力，到 2035 年，总体实现教育现代化，迈入教育强国行列，推动我国成为学习大国、人力资源强国和人才强国，为到本世纪中叶建成富强民主文明和谐美丽的社会主义现代化强国奠定坚实基础。"由此可见，推动人力资源强国和人才强国建设是我国长期的战略目标和任务。从这点来说，深化人力资源强国评价的研究，完善人力资源强国评价指标体系，继续开展人力资源强国实现程度的评估，对持续推进我国人力资源强国建设具有重要的现实意义。

编者

2019 年 8 月

目　录

目 录

第一章　人力资源强国评价的理论依据

人力资源的开发和利用对我国全面推进经济建设、政治建设、文化建设、社会建设、生态文明建设具有基础性战略作用，是促进我国可持续发展的根本途径。"人力资源强国"是我国提出的一个概念，建设人力资源强国的目的就是要使我国人力资源在数量、质量、结构、开发能力及利用效率等方面达到世界先进水平。进行人力资源强国评价，目的是通过国际比较，对我国人力资源开发和利用水平进行监测评估，对我国人力资源国际竞争力进行评估，为我国人力资源强国建设的政策与实践提供决策依据。

人力资源强国理论是在人口理论、人力资源理论与强国理论等基础上发展融合而产生的新的理论。

一、人力资源强国理论

（一）人口理论

人力资源又称"劳动力资源"或"劳动资源"，是指某种范围的人口总体所具有的劳动能力的总和，是存在于人的自然生命机体中的一种国民经济资源，它以人口为存在的自然基础。人口是指由具有一定共同标志的个人所组成的社会群体。一定规模且结构合理的人口是一个社会人力资源开发的重要前提。一个国家如果人口不达到一定的数量，就难以成为大国或强国。较大的人口规模将使一个国家具有人力资源数量上的优势。

一个社会人口的规模很大程度上取决于其人口再生产的能力。人口再生产是人类的本能，也是人类持续发展的必要条件。因此，中国古代的思想家如孟子、墨子、管子、商鞅等无不主张增加人口。如孟子就从家庭延续的角度强调："不孝有三，无后为大。"

人口理论是探讨人口再生产的规律性的理论，主要有人口发展理论、人口增长理论、人口流迁理论、人口素质理论等。人力资源强国理论是马克思主义人口理论特别是"两种生产"思想的重要体现和发展。马克思、恩格斯合著的《德意志意识形态》一书阐述了"两种生产"思想。1884年，恩格斯在《家庭、私有制和国家的起源》一书的序言中，进一步全面、准确地概括了"两种生产"思想："根据唯物主义的观点，历史中的决定性因素，归根结蒂是直接生活的生产和再生产。但是，生产本身又有双种。一方面是生活资料即食物、衣服、住房以及为此所必需的工具的生产；另一方面是人类自身的生产，即种的繁衍。"① 物质资料的生产为人类生存、繁衍和发展提供必要的物质条件，而人类的生存、繁衍又是物质资料生产的必要前提。"两种生产" 思想是马克思主义人口理论的基石，它认为社会生产包括人类自身生产和物质资料生产，二者之间存在对立统一的辩证关系。在人类社会发展的历史进程中，物质资料生产曾作为矛盾的主要方面，起过主导作用，但随着社会的发展，特别是在以知识社会、信息社会为特征的现代社会中，人作为物质生产的主体，作为自身生产的主体，其主导作用越来越大，人力资源的决定性作用越来越大。

人力资源具有生物性和社会性双重特点。流动性、能动性、再生性的特质使其可以表现为 "有限性" 和 "无限性" 两种状态，即在一定时期、一个国家或地区内人力资源数量与质量是有限的，就人类发展的历史来说，人力资源又具有 "无限性"；数量规模是有限的，而人的能力是可以持续提高的，是无限的。

人力资源强国理论继承和发展了马克思主义的 "两种生产" 思想，重点研究 "人类自身的再生产"，并站在国家社会发展的宏观视角研究人的再生产的意义、过程和作用。从这个意义上说，人力资源强国理论是一种国家人力资源理论。人力资源强国理论将人力资源思想与强国思想相结合，不但强调人力资源的生产性和社会性特征，也强调人力资源的国家特征和作为生产要素的决定性特征。与世界工业化起源时期不同，人力资源强国理论是工业化后期乃至知识社会的人类发展理论。

人力资源强国理论是马克思主义人口理论中国化的具体体现，其对于人口理论的贡献主要表现在以下几个方面：

（1）人力资源的增长要从依靠人口数量与规模的增长，转为人口整体素质，特别是人均受教育年限、人均预期寿命等重要因素的增长。通过人口质量提高，扩大人力资源规模、提高人力资源质量。

（2）要将人口发展作为国家总体战略的重要组成部分，制订人口发展整体战略规划和人力资源发展目标。通过有计划的国家开发和个人自主开发，使每个人的潜能得到充分的开发和利用，既为个人带来利益和发展机会，又为国家带来巨大的利益和发展机会。

（3）在人力资源强国理论体系中，人力资源开发的国家目标与个人目标相互统一。人力资源开发的国家行动、国家利益和国家目标，与人力资源开发的人本行动、人本利益和人本目标相互协调、相互统一。将国家开发与个人开发、国家利益与人民利益完美统一，是实现人力资源强国的重要途径。

（4）国家要优先保障人力资源开发的投入，提高国际竞争力。知识经济时代，国家与国家的竞争更多地表现为国家创新能力的竞争，根本表现为人力资源数量与质量的竞争。人力资源强国理论是面向知识经济时代的人口发展理论。

① 恩格斯. 家庭、私有制和国家的起源 ［M］. 北京：人民出版社，2003：145.

（二）人力资源理论

人力资源理论是影响人类生存、生产和生活方式最重要的理论之一。西方著名的古典经济学派代表亚当·斯密（Adam Smith）在其 1776 年出版的《国富论》中首次提出了人力资本的思想。他认为：固定资本包含所有居民或社会成员获得的有用能力。这种能力是通过学校教育和在学徒过程中获得的，其获得需要付出现实的成本，因此，它可以被看作是固定在个人身上的、已经实现了的资本。基于这一思想，他建议国家应"推动、鼓励，甚至强制全体国民接受最基本的教育"①。

美国经济学家欧文·费雪（Irving Fisher）在其 1906 年出版的《资本的性质和收入》一书中首次提出人力资本的概念，并将其纳入经济分析的理论框架中。1935 年，美国哈佛大学教授 S. R. 沃尔什出版《人力资本观》一书，其中也使用了"人力资本"一词，他将个人教育经费和个人收益相比较，从而计算教育的经济收益，并以人的微观资本投入与收益研究为基础，建立了经典人力资源理论。②

学术界一般认为，所谓"人力资本革命"研究的先驱者包括西奥多·舒尔茨（T. W. Schultz）、雅各布·明塞尔（Jacob Mincer）、米尔顿·弗里德曼（Milton Friedman）、谢尔文·罗森（Sherwin Rosen）和其他一些与芝加哥大学有联系的人物。③ 经典人力资源理论在 20 世纪 50 年代兴起，成形于 60 年代中期。舒尔茨和加里·贝克尔（G. S. Becker）最早建立了比较全面的人力资源理论体系。1960 年以后，舒尔茨连续出版了《论人力资本投资》（1960）、《教育的经济价值》（1963）、《人力资本投资：教育和研究的作用》（1971）和《人力投资：人口质量经济学》（1981）等重要论著，明确了人力资本的定义、地位和重要性，对人力资本进行了科学分类，建立了内涵丰富的理论框架。舒尔茨认为，物力投资和人力投资都是发展经济不可缺少的生产性投资。在现代化大生产中，人力投资的作用大于物力投资的作用。在《人力资本投资：教育和研究的作用》一书中他指出，现实中许多我们称之为消费的活动，实际上属于人力资本投资的范畴，如教育、培训、卫生保健和迁移等。因为这些投资活动带来了人们体能、知识和技能的增进，并由此带来了经济增长和个人收入的提高。所以舒尔茨又指出："人类的未来不是预先由空间、能源和耕地所决定，而是要由人类的知识发展来决定。"④ 著名经济学家李斯特认为："一国的最大部分消耗，应该是用于后一代的教育，应该用于国家未来生产力的促进和培养。"⑤

贝克尔的《人力资本投资：一种理论分析》和《人力资本：特别是关于教育的理

---

① 王明杰，郑一山. 西方人力资本理论研究综述 [J]. 中国行政管理，2006（8）：92.
② 王明杰，郑一山. 西方人力资本理论研究综述 [J]. 中国行政管理，2006（8）：93.
③ 加里·贝克尔. 人力资本理论：关于教育的理论和实证分析 [M]. 北京：中信出版社，2007：1.
④ 西奥多·舒尔茨. 论人力资本投资 [M]. 北京：北京经济学院出版社，1990：42.
⑤ 弗里德里希·李斯特. 政治经济学的国民体系 [M]. 北京：商务印书馆，1981：123.

论与经验分析》两本著作，被视为"经济思想中人力资本投资革命"的起点。① 舒尔茨和贝克尔最早从宏观上分析了人力资源理论体系。1960 年，舒尔茨在《论人力资本投资》一书中指出，人的知识和技能是资本的一种特殊形式，且这种资本形式在经济发展中起着决定性的作用。舒尔茨认为，正规教育、成人教育、在职培训、医疗保健、人口流动等方面的人力资源开发是第二次世界大战后许多西方国家经济增长的最直接原因。贝克尔认为，人力的投资是多方面的，教育支出、保健支出、劳动力流动支出或用于移民的支出是人口投资的重要组成部分。以罗默（Paul Romer）、阿罗（K. J. Arrow）和卢卡斯（Robert Lucas）为代表的新一代经济学家，突破了古典经济学理论的分析框架，重视人力资本对于经济增长的作用，并创立了新增长理论，认为人力资本因素和知识因素是新增长理论的核心。罗默认为，专业化的知识和人力资本积累可以产生递增的收益并使其他投入要素递增，从而使总的规模收益递增。一个国家的经济增长主要取决于它的知识积累、技术进步和人力资本。卢卡斯将人力资本视为经济长期增长的决定性因素，并创立了专业化人力资本积累增长模型，用人力资本的禀赋优势和知识溢出效应重新解释了国际贸易理论。在他看来，知识积累、技术进步和专业化的人力资本才是经济增长的长期原动力。2001 年，经济合作与发展组织（OECD）进一步明确提出了人力资本的定义：个人所拥有的与经济活动密切相关的知识、技能、能力及各种特质。

诺贝尔经济学奖获得者约瑟夫·斯蒂格利茨（Josegh E. Stiglitz）认为，在 21 世纪人类迈向知识经济的过程中，教育和学习是促进可持续发展与经济增长的重要推动力。他提出创建一个学习型社会，建立一个基于学习得来的技术进步，而非强调资源累积的社会发展模式。②

改革开放以来，我国促进经济社会迅速发展的经验也表明，通过发展教育来开发人力资源是促进经济增长和消除贫困的有效途径。要使贫困地区和贫困人口摆脱贫困，必须大力开发人力资源。从整个社会人力资源开发的角度来看，没有贫困地区人力资源的开发，就难以实现整个国家人力资源的充分开发。加大对贫困人口的人力资源开发力度，对于实现国家整体发展和人民福祉也有深远影响。改革开放以来，经过全国范围有计划、有组织的大规模开发式扶贫，我国贫困人口大量减少，贫困地区面貌显著变化，但扶贫开发工作依然面临着十分艰巨而繁重的任务，已进入"啃硬骨头"、攻坚拔寨的冲刺期。2015 年 6 月 18 日，习近平在贵州召开的部分省区市党委主要负责同志座谈会上强调，消除贫困、改善民生、实现共同富裕，是社会主义的本质要求，是我们党的重要使命。党的十八届五中全会报告强调指出："坚持普惠性、保基本、均等

---

① 仲崇盛. 人力资本理论对人力资源理论形成和发展的作用 ［J］. 辽东学院学报，2006（1）：78－80.
② JOSEGH E. STIGLITZ. BRUCE C. GREENWALD. Creating a learning society：a new approach to growth, development, and social progress ［M］. New York：Columbia University Press, 2014.

化、可持续方向，从解决人民最关心最直接最现实的利益问题入手，增强政府职责，提高公共服务共建能力和共享水平。""提高贫困地区基础教育质量和医疗服务水平，推进贫困地区基本公共服务均等化。"① 近年，党中央、国务院加强了扶贫攻坚的政策力度，大大推进了教育扶贫和贫困地区的人力资源开发。我国的这些政策实践不仅丰富了人力资源理论，也体现了将巨大的人口负担转化为人力资源优势的中国智慧。

综合以上分析，人力资源理论的主要观点可作如下概括：①人力资源是一切资源中最主要的资源，人力资源理论是经济学的核心问题之一。②在经济增长中，人力资本的作用大于物质资本的作用。人力资本投资与国民收入成正比，比物质资本增长速度快。③人力资本的核心是提高人的素质和能力。不应当把人力资本的再生产仅仅视为一种消费，而应视为一种投资，这种投资的经济效益远大于物质投资的经济效益。② ④教育是提高人力资本质量的根本和主要手段，所以可将教育投资视为人力投资的主要组成部分。

（三）强国理论

1. 中国古代的强国思想

"建国君民，教学为先"，这是中国也是世界上最早的一部教育专著《礼记·学记》中的一句话，意思是建设国家，管理公共事务，教育为最优先、最重要的事情。这是中国古代教育强国思想的最早体现。中国古代就有人众国强、人兴邦兴的思想。中国古代政治家管仲曾说："夫争天下者，必先争人。"荀子曾阐述了百年树人的思想："一年之计，莫如树谷；十年之计，莫如树木；终身之计，莫如树人。一树一获者，谷也；一树十获者，木也；一树百获者，人也。"③ 唐朝战略思想家李筌在《太白阴经》中指出："国愚则智可以强国，国智则力可以强人。用智者，可以强于内而富于外；用力者，可以富于内而强于外。"④ 以智强国，充分体现了我国古代思想家对于教育的重视，从"国愚"到"国智"，必须发展教育，才能实现强国之梦。

中国古代政治家管仲和改革家商鞅从富国强兵的角度出发，力主增加人口。《商君书·农战》中记载："凡人主之所以劝民者，官爵也；国之所以兴者，农战也。今民求官爵，皆不以农战，而以巧言虚道，此谓劳民。劳民者，其国必无力；无力者，其国必削。""善为国者，其教民也，皆作壹而得官爵，是故不官无爵。国去言，则民朴；民朴，则不淫。民见上利之从壹空出也，则作壹；作壹，则民不偷营；民不偷营，则多力；多力，则国强。今境内之民皆曰：'农战可避而官爵可得也。'"

《商君书·农战》曰："百人农，一人居者，王；十人农，一人居者，强；半农半

---

① 《党的十八届五中全会〈建议〉学习辅导百问》编写组. 党的十八届五中全会《建议》学习辅导百问 [M]. 北京：党建读物出版社，学习出版社，2015：27 - 28.

② 张素峰. 人力资本理论观点 [N]. 学习时报，2003 - 08 - 01.

③ 李远燕，李文娟. 管子 [M]. 广州：广州出版社，2004：22.

④ 张文才. 太白阴经新说 [M]. 北京：解放军出版社，2008：51.

居者，危。故治国者欲民者之农也。"管子在《重令篇》中说："地大国富，人众兵强，此霸王之本也。"① 这仿佛是古代人力资源强国思想的萌芽。《礼记·祭统》曰："是故天子亲耕于南郊，以共齐盛；王后蚕于北郊，以共纯服；诸侯耕于东郊，亦以共齐盛；夫人蚕于北郊，以共冕服。天子诸侯，非莫耕也；王后夫人，非莫蚕也。身致其诚信，诚信之谓尽，尽之谓敬。敬尽，然后可以事神明，此祭之道也。"

2. 中国近代的强国思想

1840 年鸦片战争后，中国"俄北瞰，英西睒，法南瞵，日东眈，处四强邻之中而为中国，岌岌哉！"② 在面临"数千年来未有之强敌"的大背景下，魏源提出"师夷长技以制夷"的思想。为使中国强大，康有为成立强学会，以求中国自强之学。1896 年，李端棻奏请建立京师大学堂，慨叹"国于天地，必有与立，言人才之多寡，系国势之强弱也"。以梁启超为代表，中国教育强国思想进入重要成长期。1899 年，梁启超在《戊戌政变记》一文中强调：中国之大患在于教育不兴，人才不足，皇上政策若首注重于学校教育，可谓得其本矣。在积弱贫穷的落后中国，梁启超教育强国思想的一个重要内容是强调依靠教育使国家强大。他在《学校总论》中进一步直言：要"亡而存之，废而举之，愚而智之，弱而强之，皆归本于学校"③。要使病夫之国转弱为强，基础在教育；要使病夫之人转弱为强，希望也在教育。他大声疾呼："少年智则国智，少年富则国富，少年强则国强，少年独立则国独立，少年自由则国自由，少年进步则国进步，少年胜于欧洲则国胜于欧洲，少年雄于地球则国雄于地球。"培养人才是世界强国实现霸权的重要手段，而教育强国，则是西方列强的国家基础和重要特征。故梁启超认为："今国家而不欲自强则已，苟欲自强，则悠悠万事，惟此为大，虽百兴举未遑，犹先图之。"这既体现了国家自强的思想，也体现了教育为先的思想。梁启超在《论科举》一文中明确指出："故欲兴学校，养人才，以强中国，惟变科举为第一义。"这种兴教育才，以强中国的思想，是近代中国教育强国思想的重要表述。

孙中山一生寻求富民强国之路，教育强国是其强国思想的重要内容。1890 年孙中山在《致郑藻如书》中主张多设学校，"远观历代，横览九洲，人才之盛衰，风俗之淳靡，实关教化。教之有道，则人才济济，风俗丕丕，而国以强；否则返此"。教之有道，而国以强，孙中山的思想充分体现了教育强国的思想内涵。他进一步强调指出，要"使天下无不学之人，无不学之地。则智者不致失学而嬉；而愚者亦赖学以知理，不致流于颓悍；妇孺亦皆晓诗书。如是，则人才安得不盛，风俗安得不良，国家安得而不强哉！"如果"弃天生之材而自安于弱，虽多置铁甲，广购军装，亦莫能强也！"1924 年 4 月，孙中山又明确提出，革命成功之后，国家重要任务之一就是要办教育，

---

① 李希文，徐兴国，龚国安. 简明人口理论［M］. 北京：北京大学出版社，1988：2.
② 康有为. 强学会序［M］//陈元晖. 中国近代教育史资料汇编：戊戌时期教育. 上海：上海教育出版社，2007：131.

③ 梁启超. 梁启超全集：第 1 册［M］. 北京：北京出版社，1999：19.

至少要拿出 10% 的国家经费专做教育经费。

3. 中国当代的强国思想

建设一个现代化强国，建设一个造福于亿万人民的现代化国家，就是中国共产党在社会主义初级阶段的政治理想。教育强国是一个中国化的概念，是中国共产党着眼于世界教育与人力资源发展趋势所做出的政治选择，是党的几代领导集体的智慧结晶，是马克思主义国家思想和教育思想中国化的最新成果。

1956 年 9 月，中国共产党召开了第八次全国代表大会。毛泽东对中国社会的形势和矛盾有了新判断："在我国，巩固社会主义制度的斗争，社会主义和资本主义谁战胜谁的斗争，还要经过一个很长的历史时期。"一方面是资本主义同社会主义究竟"谁胜谁负"的问题还没有解决；另一方面是我们有社会主义现代化的理想和目标，"我们一定会建设一个具有现代工业、现代农业和现代科学文化的社会主义国家"。因此，"坚持经济战线上的社会主义革命，还必须在政治路线和思想路线上，进行经常的、艰苦的社会主义革命斗争和社会主义教育"。这是在阶级斗争视野下审视社会主义制度巩固与现代化发展问题。在毛泽东等老一辈革命家的艰苦探索和努力下，初步解决了中国走社会主义道路的问题。中国现代化作为一个理想目标，继续引领着中国前进。

早在改革开放初期，邓小平就高瞻远瞩地提出，教育是一个民族最根本的事业，要搞四个现代化关键靠人才，基础在教育。"把我们的国家建设成为社会主义的现代化强国，是我国人民肩负的伟大历史使命。""'四人帮'的所作所为，从反面使我们更加深刻地认识到，在无产阶级专政的条件下，不搞现代化，科学技术水平不提高，社会生产力不发达，国家的实力得不到加强，人民的物质文化生活得不到改善，那末，我们的社会主义政治制度和经济制度就不能充分巩固，我们国家的安全就没有可靠的保障。我们的农业、工业、国防和科学技术越是现代化，我们同破坏社会主义的势力作斗争就越加有力量，我们的社会主义制度就越加得到人民的拥护。把我们的国家建设成为社会主义的现代化强国，才能更有效地巩固社会主义制度，对付外国侵略者的侵略和颠覆，也才能比较有保证地逐步创造物质条件，向共产主义的伟大理想前进。"[①]邓小平明确指出："一个十亿人口的大国，教育搞上去了，人才资源的巨大优势是任何国家比不了的。"邓小平早在 1985 年第一次全国教育工作会议上就指出："我们国家，国力的强弱，经济发展后劲的大小，越来越取决于劳动者的素质，取决于知识分子的数量和质量。"人才问题既有数量问题，更有质量问题，邓小平的思想充分体现了教育强国思想的精髓。

以江泽民为核心的第三代领导集体提出了科教兴国和人才强国的思想。20 世纪 90年代，江泽民创造性地提出人才资源是第一资源的重要思想，要开发利用我国巨大的人力资源特别是人才资源，把我国的人口压力转化为人才资源优势，把我国由人口大

---

① 邓小平. 邓小平文选：第二卷 [M]. 北京：人民出版社，1994：86.

国转化为人才资源强国。他进一步强调指出，百年大计，教育为本，教育是社会主义物质文明和精神文明建设极为重要的基础工程，必须把教育摆在优先发展的战略地位上，努力提高全民族的思想道德和科学文化水平，这是实现我国现代化的根本大计。

以胡锦涛为核心的第四代领导集体明确提出教育强国和人力资源强国的思想。2010 年 7 月，胡锦涛在第四次全国教育工作会议上强调指出："强国必先强教""加快从教育大国向教育强国、从人力资源大国向人力资源强国迈进，为中华民族伟大复兴和人类文明进步作出更大贡献"，进一步明确提出了教育强国的战略思想，深刻揭示了我国教育面临的新挑战、新任务。教育强国思想是马克思主义教育思想中国化的最新成果，是中国特色社会主义理论的重要组成部分。

以习近平为核心的新一届党中央高度重视人才强国和人力资源强国的建设。2013 年 3 月 23 日，习近平在莫斯科国际关系学院的演讲中明确指出："实现中华民族伟大复兴，是近代以来中国人民最伟大的梦想，我们称之为'中国梦'，其基本内涵是实现国家富强、民族振兴、人民幸福。"2015 年 5 月 22 日，习近平在《致国际教育信息化大会的贺信》中指出："人才决定未来，教育成就梦想。"党的十八届五中全会报告提出："加快建设人才强国。深入实施人才优先发展战略，推进人才发展体制政策创新，形成具有国际竞争力的人才制度优势。"① 我国实施的人才强国战略是人力资源开发与强国建设的紧密结合，是对人力资源和强国理论的丰富和发展。

二、人力资源强国建设的重要意义

（一）人力资源强国是社会主义现代化强国的重要支撑

实现"两个一百年"奋斗目标、中华民族伟大复兴的"中国梦"需要教育强国和人力资源强国提供有力支撑。2013 年 3 月 17 日，习近平在第十二届全国人民代表大会第一次会议上指出："我们要坚持发展才是硬道理的战略思想，坚持以经济建设为中心，全面推进社会主义经济建设、政治建设、文化建设、社会建设、生态文明建设，深化改革开放，推动科学发展，不断夯实实现'中国梦'的物质文化基础。"人力资源强国建设直接关系"五大建设"的水平、质量和可持续性。习近平指出：中国是一个发展中的大国。"块头大不等于强，体重大不等于壮，有时是虚胖"，这种"虚胖"是因为我们在很多方面只大不强，因此，我们提出要从大国走向强国。《国家中长期教育改革和发展规划纲要（2010—2020 年）》指出，"我国实现了从人口大国向人力资源大国的转变"，要"加快从教育大国向教育强国、从人力资源大国向人力资源强国迈进"。②

① 《党的十八届五中全会〈建议〉学习辅导百问》编写组. 党的十八届五中全会《建议》学习辅导百问［M］. 北京：党建读物出版社，学习出版社，2015：34.

② 国家中长期教育改革和发展规划纲要（2010—2020 年）［M］. 北京：人民出版社，2010：10 - 11.

时任联合国副秘书长莫里斯·斯特朗在"2002 年国际人力资本论坛"上致辞时指出，当今世界，人才和知识越来越成为提高综合国力与国际竞争力的决定性因素，人力资源越来越成为推动经济社会发展的战略性资源。未来世界各国的进步将在很大程度上取决于人力资源开发质量，中国的优势就在于拥有丰富的人力资源。中国是世界上人力资源最富有的国家，教育的迅速发展正在帮助中国成为人力资源的超级大国。

中国要实现从人口大国到人力资源强国的转变，关键在于大力发展教育，推进全民终身学习，着力促进教育公平，努力提高教育质量。要实现人力资源强国建设的目标，需要大力推进教育强国建设，而建设教育强国，关键在于提高教育质量，因此要实施以质图强战略。从既往的研究来看，中国与美国等发达国家在教育和人力资源开发方面的差距更多地体现在质量方面。因此，要在人力资源开发方面追赶和超越发达国家，关键是要在提升人力资源开发质量和利用效率方面下功夫。

（二）人力资源强国是民族振兴的重要基础

习近平曾明确指出："每个人都有理想和追求，都有自己的梦想。现在，大家都在讨论中国梦，我以为，实现中华民族伟大复兴，就是中华民族近代以来最伟大的梦想。这个梦想，凝聚了几代中国人的夙愿，体现了中华民族和中国人民的整体利益，是每一个中华儿女的共同期盼。历史告诉我们，每个人的前途命运都与国家和民族的前途命运紧密相连。国家好，民族好，大家才会好。"[①] 国家兴盛在民，人民富裕在教，发展教育才能实现国家和民族振兴。

习近平还指出："教育决定着人类的今天，也决定着人类的未来。人类社会需要通过教育不断培养社会需要的人才，需要通过教育传授已知、更新旧知、开掘新知、探索未知，从而使人们能够更好认识世界和改造世界、更好创造人类的美好未来。"[②] 高层次人才是人力资源的核心竞争力，是实现科技创新、文化创新和知识创新的主力军。2014 年 6 月 3 日，习近平在 2014 年国际工程科技大会上的演讲中指出："中国是世界上最大的发展中国家。要发展，就必须充分发挥科学技术第一生产力的作用。中国拥有 4200 多万人的工程科技人才队伍，这是中国开创未来最宝贵的资源。我们把创新驱动发展战略作为国家重大战略，着力推动工程科技创新，实施可持续发展战略，通过建设一个和平发展、蓬勃发展的中国，造福中国和世界人民，造福子孙后代。"每一个人将自己的梦想融入民族梦和国家梦就将汇聚成实现中国梦的伟大力量。

（三）人力资源强国是人民福祉的有力保障

发展教育既是国计也是民生。建设人力资源强国不仅是国家发展和民族振兴的必需，也是公民个人提高其人力资本和社会资本的重要手段。党的十七大以来，教育对

---

① 习近平在参观《复兴之路》展览时强调：承前启后 继往开来 继续朝着中华民族伟大复兴目标奋勇前进 ［EB/OL］. http://news.12371.cn/2012/11/30/ARTI1354224003616762.shtml.

② 习近平. 致清华大学苏世民学者项目启动的贺信 ［N］. 人民日报，2013－04－22.

改善民生的重要促进作用受到重视，办人民满意的教育也成为教育发展的重要战略目标。习近平在第十二届全国人大第一次会议闭幕会上指出："让生活在我们伟大祖国和伟大时代的中国人民，共同享有人生出彩的机会，共同享有梦想成真的机会，共同享有同祖国和时代一起成长与进步的机会。"习近平还谆谆告诫大家：中国仍然是世界上最大的发展中国家，创造 13 亿多人的幸福美好生活绝非易事。中国在发展道路上仍然面临不少困难和挑战。实现中华民族伟大复兴的中国梦，还需要付出长期艰苦的努力。习近平还强调指出：要"在学有所教、劳有所得、病有所医、老有所养、住有所居上持续取得新发展，不断实现好、维护好、发展好最广大人民的根本利益，使发展成果更多更公平地惠及全体人民，在经济社会不断发展的基础上，朝着共同富裕方向稳步前进"。① 建立学习型社会、学习型国家，是促进人力资源强国建设的重要手段，是实现人民幸福的根本保障。

如果说，共同富裕是 20 世纪末中国经济发展的主题，那么共同发展则是 21 世纪初中国教育的主题。实现共同富裕和共同发展，关键是要做好人力资源的共同开发。没有亿万人民参与的人力资源强国建设，国家振兴、经济增长和人民幸福就无从谈起。中国历史和现实的经验证明，只有实现共同发展，才能实现共同富裕；只有保障共同发展，才能保持共同富裕。如果说，从贫困到富裕，再到共同富裕是中国改革开放第一阶段的重要成果的话，那么从共同富裕到共同发展将是中国改革开放第二阶段的目标。共同富裕为共同发展创造条件，共同发展为共同富裕奠定基础。没有基于公民的共同发展，就难以保障民族的永续发展和国家的长治久安。

（四）人力资源强国是经济转型升级的重要动力

人是最重要的生产要素和发展动力。人力资源的充分开发和有效利用是实现更高质量、更有效率、更加公平、更可持续发展的重要前提。习近平强调："人民是历史的创造者，群众是真正的英雄。人民群众是我们力量的源泉。我们深深知道，每个人的力量都是有限的，但只要我们万众一心、众志成城，就没有克服不了的困难。"② 李克强总理指出："在我国经济发展进入新常态的背景下，要长期保持经济中高速增长，就必须加快转变经济发展方式，促进经济转型升级、迈向中高端水平。"③ 从人力资源视角分析，经济转型和产业升级，一是要靠高端人才推进科学发明和技术创新，实现产业发展和技术竞争力提升；二是要靠能够实现技术创新的知识型工人，并不断改善生产要素，持续提高生产效率；三是要靠大众创业和万众创新培育发展新动力，实现可

---

① 习近平. 在第十二届全国人民代表大会第一次会议上的讲话（2013 年 3 月 17 日）［N］. 人民日报，2013 - 03 - 18.

② 习近平. 在第十二届全国人民代表大会第一次会议上的讲话（2013 年 3 月 17 日）［N］. 人民日报，2013 - 03 - 18.

③ 李克强. 全面建成小康社会新的目标要求［M］//《党的十八届五中全会〈建议〉学习辅导百问》编写组. 党的十八届五中全会《建议》学习辅导百问. 北京：党建读物出版社，学习出版社，2015：54.

持续的中高速增长。"人们在创造物质财富的同时，实现人生价值，凝聚起推动发展的强大新动能。"① 没有人口素质的全面提升，就不可能实现经济结构的转型升级，人力资源是经济社会转型发展的根本动力。

（五）人力资源强国是应对社会老龄化的重要举措

人口调查显示，进入21世纪以来，由于出生率下降和人均寿命延长等因素，我国的人口结构正在发生重大变化，呈现出老龄化的趋势。从2011年到2015年，全国60岁以上老年人口由1.78亿增加到2.21亿，60岁以上老年人口的比重由13.3%增至16%，其中65岁以上老年人口的占比已经超过了10%。预计2020年我国60岁以上老年人口将达到2.43亿，2025年将达到3亿。根据联合国制定的标准，一个社会65岁以上人口的比率超过总人口的7%，可称之为"老龄化社会"，该比率超过14%的称之为"老龄社会"。按此标准，我国已进入"老龄化社会"，并且正在迅速走向"老龄社会"。与其他已进入"老龄化社会"的国家相比，我国将面临速度更快的人口老龄化过程和未富先老的境况。

人口老龄化将对我国今后的经济社会发展产生重大影响。第一，人口老龄化直接导致我国劳动力供给的减少，使人口红利带来的劳动力低成本优势下降或消失，从而导致我国制造业出口利润下降。第二，人口老龄化导致退休金的替代率下降速率增大，抚养比上升，最终导致全社会储蓄率下降，影响社会资本的积累，同时使消费能力降低，导致需求不足。政府财政面临收入减缓和养老、医疗等社会保障支出增加的双重挤压，将制约政府投资和引导投资的能力。第三，对人力资源开发产生影响。由于企业更倾向于投资培训年轻员工，劳动力结构的老化将导致企业提升人力资源的意愿降低，不利于经济结构调整和产业转型升级。而且，从人力资源开发的角度来说，年龄越大，其对新技术、新技能的接受能力就越差。第四，人口老龄化影响社会活力，会导致全社会创新能力的弱化，对创新驱动战略产生不利影响。②

如何应对社会老龄化对可持续发展与人力资源开发提出的挑战，是摆在我们面前的紧迫课题，它要求我们提高人力资源开发和利用水平。首先，要构建终身学习体系，大力发展继续教育，促进劳动力的终身职业技能开发。其次，要加强对老年人力资源的开发与利用，包括转换劳动退休模式，适当延长退休年龄，积极促进老年人再就业。最后，通过终身学习促进老年人积极参与社会活动，充分发挥老年人在社会治理与和谐社会建设方面的积极作用。

三、开展人力资源强国评价的意义

提高我国人力资源开发水平，建设人力资源强国，必须要加强我国人力资源开发

---

① 李克强. 全面建成小康社会新的目标要求［M］//《党的十八届五中全会〈建议〉学习辅导百问》编写组. 党的十八届五中全会《建议》学习辅导百问. 北京：党建读物出版社，学习出版社，2015：58.

② 罗耀，金鑫. 人口老龄化带来的问题和机遇研究［J］. 商，2015（27）：58.

的针对性和有效性。而这前提，是充分认识我国人力资源的特点、开发的状况以及存在的不足或薄弱环节，这就需要进行国际比较研究。换言之，我国是否进入人力资源强国行列，在人力资源开发的哪些方面强，哪些方面弱，这些只有通过国际比较研究才能发现。

教育部教育发展研究中心关于人力资源强国评价指标体系的实证研究结果显示，2012 年，在 52 个有完整数据的国家中，美国人力资源竞争力指标排名第 1，韩国第 2，日本第 3，澳大利亚第 4，德国第 5，中国排在第 14。有关人力资源发展水平的国际比较研究表明，在 1980—2010 年的 30 年间，中国是世界上人力资源开发水平提升最快的国家。改革开放之前，中国是个教育比较落后的国家。改革开放以来，特别是实施科教兴国战略以来，中国政府越来越重视教育发展，逐步提高了公共财政对教育的投入。经过数十年的艰苦努力，中国教育取得了跨越式的发展，中国已从一个落后的人口大国变成一个教育大国和人力资源大国。中国人力资源开发水平的迅速提升也从一个侧面说明，教育的发展对于人力资源开发有着重要的促进作用。

有关研究还显示，人力资源评价指标中凡是反映总量的教育发展指标，中国的排名都比较靠前，而人均指标则比较靠后。这是影响我国人力资源竞争力排名的重要因素。中国之所以人均指标比较低，是因为教育发展不平衡，区域、城乡、人群间仍存在较大的差距。比如，中国的人均受教育年限同发达国家相比仍有较大差距，其中一个重要原因是存在巨大的城乡差异，农村人口的人均受教育年限比城市人口低得多。

因此，我国要建设人力资源强国，使人力资源的国际竞争力排名迅速提升，就要在促进全民终身学习、缩小教育差距、促进教育公平、提高教育质量上下功夫。

本课题的目的就是研究人力资源强国评价指标体系，为开展人力资源竞争力的国际比较研究提供工具，以通过比较研究的方式发现我国人力资源强国建设中的薄弱环节，促进我国人力资源强国的建设。

第二章 人力资源强国评价指标体系

一、构建人力资源强国评价指标体系总体思路

（一）概念框架

如前所述，人力资源是指一个社会能够推动国民经济和社会发展、具有智力劳动和体力劳动能力的人口总和，它包括数量和质量两个方面。

人力资源强国是指人力资源总量丰富、开发充分、结构合理、效能发挥达到世界先进水平的国家。评价一个国家人力资源的强弱或者人力资源开发和利用水平的高低，可以通过其人力资源竞争力的国际比较来实现。

（二）构建人力资源竞争力评价指标体系的几个原则

为了综合、直观地反映人力资源竞争力，本书拟从人力资源规模结构、人力资源开发质量、人力资源开发能力和人力资源贡献四个维度构建人力资源竞争力评价指标体系。构建人力资源竞争力评价指标体系的基本思路：以人口再生产、人的全面发展和人力资源理论为依据，坚持数量与质量并重、总量指标与人均指标并重、宏观数据与微观数据并重、横向比较与纵向比较并重的原则。在构建指标体系时要充分注意以下几个方面。

第一，选定人力资源竞争力评价指标时要考虑指标的综合性，包括智力劳动和体力劳动两方面能力的整合，数量和质量的整合。舒尔茨曾将人力资本划分为五类：医疗保健、在职培训、正规教育、成人教育、就业迁移。这些因素都应在指标体系中有所反映。在指标的选择上，要体现数量、结构、质量、公平的统一，健康、教育、卫生的统一。

第二，所搜集的相关数据应具有权威性与可信度。课题组进行国际比较的数据主要来源于知名国际组织，包括世界银行、联合国教科文组织、联合国开发计划署和世界知识产权组织。本研究注重静态数据与动态数据的结合，前者主要反映不同国家人力资源竞争力的特点，后者主要反映不同国家人力资源竞争力的趋势。

第三，指标选定要考虑数据的可获取性和完整性，即指标应有相应的统计数据。

第四，样本国家的选择上要考虑合理性和代表性。课题组在选择样本国家和地区时主要考虑以下几方面因素：一是考虑样本国家和地区在地域上的代表性，尽量选择亚洲、欧洲、非洲、美洲和大洋洲等地区具有代表性的国家；二是选择样本国家和地区时，要充分考虑不同经济社会发展水平的国家，既要有发达国家，也要有发展中国

家；三是考虑样本国家和地区的规模，包括人口和国土面积等因素。基于以上考虑，课题组选取了 52 个国家和地区作为人力资源竞争力评价指标体系的样本。

二、人力资源竞争力评价指标体系

（一）指标体系的框架

根据前述的思路与原则，课题组构建了由人力资源规模结构、人力资源开发质量、人力资源开发能力和人力资源贡献等 4 个一级指标、11 个二级指标和 18 个三级指标组成的人力资源竞争力评价指标体系（参见表 2－1）。

表 2－1　人力资源竞争力评价指标体系

一级指标	二级指标	三级指标	单位
人力资源规模结构（20%）	人力资源规模（1/3）	15～64 岁人口总数（B 类）	万人
	人力资源荷载力（1/3）	15～64 岁人口占总人口的百分比（A 类）	%
	人力资源活力（1/3）	人口年龄中位数（C 类）	—
人力资源开发质量（30%）	综合质量水平（1/2）	人均预期寿命（A 类）	年
		人均受教育年限（25 岁及以上）（A 类）	年
	核心人力资源（1/2）	科学家与工程师人数（B 类）	千人
		每十万人口科学家与工程师人数（B 类）	人
人力资源开发能力（30%）	教育综合培养能力（1/4）	人均预期受教育年限（A 类）	年
	高层次人才培养能力（1/4）	每十万人口在校大学生数（B 类）	人
		在校大学生数（B 类）	人
	教育保障能力（1/4）	公共教育经费占 GDP 比例（A 类）	%
		人均公共教育经费（B 类）	美元
	健康保障能力（1/4）	公共卫生支出占 GDP 比例（A 类）	%
		人均公共卫生支出（B 类）	美元
人力资源贡献（20%）	物质贡献能力（1/2）	国内生产总值（B 类）	十亿美元
		劳动生产率（B 类）	%
	知识贡献能力（1/2）	专利申请总量（B 类）	件
		每百万人口专利申请数（B 类）	件

来源：教育部教育发展研究中心人力资源强国评价研究课题组。

（二）指标数据标准化

1. 相对数（A 类）指标

对变量进行标准化是为了对量纲不同的观测值进行比较和计算。对于正向指标，采用的标准化方法是计算各观测值与最小值的差和最大值与最小值的差的比值。公式如下：

$$Z_{Aj} = \frac{x_{ij} - x_{imin}}{x_{imax} - x_{imin}}$$

2. 绝对数（B 类）指标

若某项指标观测值的分布为非正态分布时，可以先对变量进行对数处理，再按照上述方法进行标准化。

$$Z_{Bj} = \frac{\ln x_{ij} - \ln x_{imin}}{\ln x_{imax} - \ln x_{imin}}$$

主要考虑：一是这些指标主要是偏态，取对数后，变为正态分布；二是这些指标变化幅度较大，而相对数指标变化幅度很小，是不同变化量级的指标，取对数后可平衡两类指标变化程度，综合起来更符合实际情况。

3. 其他（C 类）指标

"人口年龄中位数"，按照国际划分标准通常为：①年龄中位数在 20 岁以下为年轻型人口；②年龄中位数在 20～30 岁之间为成年型人口；③年龄中位数在 30 岁以上为老年型人口。本研究假定人在 20 岁后，越年轻越有活力，在对该项指标进行标准化时，则采用如下标准化方法：

$$Z_{Cj} = 1 - \frac{x_{ij} - x_{imin}}{x_{imax} - x_{imin}}$$

（三）指标数据的来源及相关说明

1. 基础数据来源

为了便于收集、比较和分析数据，本研究所使用的指标数据全部来源于国际组织公开的数据库（参见表 2-2），具有统一的概念与统计口径界定。但这些数据由于提供国统计和发布时间的不一致，以及国际组织对这些数据进行整理需要一定时间，因此通常都是两三年前的数据。

表 2-2　人力资源竞争力评价指标数据来源

指标名称	数据来源
15～64 岁人口总数	https://data.worldbank.org.cn/indicator
15～64 岁人口占总人口的百分比	https://data.worldbank.org.cn/indicator
人口年龄中位数	http://hdr.undp.org/en/data
人均预期寿命	https://data.worldbank.org.cn/indicator
人均受教育年限(25 岁及以上)	http://data.undp.org/dataset
科学家与工程师人数	https://data.worldbank.org.cn/indicator
每十万人口科学家与工程师人数	https://data.worldbank.org.cn/indicator
人均预期受教育年限	http://data.undp.org/dataset

（续表）

指标名称	数据来源
每十万人口在校大学生数	http://unesco.org
在校大学生数	http://unesco.org
公共教育经费占 GDP 比例	https://data.worldbank.org.cn/indicator
人均公共教育经费	https://data.worldbank.org.cn/indicator
公共卫生支出占 GDP 比例	https://data.worldbank.org.cn/indicator
人均公共卫生支出	https://data.worldbank.org.cn/indicator
国内生产总值	https://data.worldbank.org.cn/indicator
劳动生产率	https://data.worldbank.org.cn/indicator
专利申请总量	WIPO Statistics Database
每百万人口专利申请数	WIPO Statistics Database

来源：教育部教育发展研究中心人力资源强国评价研究课题组。

2. 理论最大值的确定

理论最大值是研究指标体系常用的数值，一般以同一指标中最大的数值为标准，或在理论中可以达到的最大程度，表明在一定条件下可以达到的最大范围。本研究设定最大值为1，将其他数值与最大值进行比较，可得到相应的比值，这个比值可以反映该指标在一组指标中的相对位置。本指标体系中各项指标的最大值参见表2－3。

表2－3　指标的最大（优）值

指标名称	理论最大（优）值	备注
15～64 岁人口总数	8亿	中国
15～64 岁人口占总人口的百分比	100%	—
人口年龄中位数	20～30 岁	—
人均预期寿命	85 岁	参照人类发展指数 2009 年计算公式
人均受教育年限（25 岁及以上）	—	—
科学家与工程师人数		
每十万人口科学家与工程师人数	8000 人	各国历年均低于 8000 人（除极个别国家年份）
人均预期受教育年限	—	—
每十万人口在校大学生数		
在校大学生数		

（续表）

指标名称	理论最大（优）值	备注
公共教育经费占 GDP 比例	8%	—
人均公共教育经费	—	—
公共卫生支出占 GDP 比例	10%	各国历年最大值为 9.93%
人均公共卫生支出	—	—
国内生产总值	—	—
劳动生产率	7 万美元	就业人口的人均 GDP（1990 年不变价购买力平价美元）
专利申请总量	—	中国
每百万人口专利申请数	5000 件	—

来源：教育部教育发展研究中心人力资源强国评价研究课题组。

3．指标权重

一级指标的权重是课题组综合考虑各个指标的重要程度给出的。4 个一级指标的权重：人力资源规模结构为 20%，人力资源开发质量为 30%，人力资源开发能力为 30%，人力资源贡献为 20%。

二级指标和三级指标的权重是用平均分配的方法确定的。

4．竞争力指数

人力资源竞争力指数是各项指标的标准化值加权求和后得出的，能够直观地反映一个国家人力资源竞争力的整体状况和相对位置。在本研究中，该指数为 0 到 1 之间的一个数，指数越大，表明人力资源开发与利用水平越高。

5．数据时限

各指标数据主要采自 2000 年、2005 年、2010 年和 2012 年四个时段的相关数据。

第三章 人力资源竞争力指数分析

人力资源竞争力评价指标体系具有确定标准尺度和测量评估的双向功能，它可通过测量和排序，明确特定评估对象在被评估群体中的相对位置，并对其影响因素进行分析和解释，从中发现问题并针对问题提出改进方案。

本研究依据前述的指标体系，从宏观层面、中观层面和微观层面，对 2000—2012年中国和外国人力资源竞争力指数的得分及其变化趋势进行了分析，并从人力资源规模结构、人力资源开发质量、人力资源开发能力和人力资源贡献四个方面，对影响我国人力资源竞争力的因素进行了深入分析。

一、人力资源竞争力宏观分析

课题组收集了 2000 年、2005 年、2010 年和 2012 年四个年度的数据，从纵向和横向两个侧面对各国人力资源竞争力的得分情况及我国所处的位置进行了分析。52 个有完整数据的国家，其人力资源竞争力指数在不同年度的得分情况及排名如表 3 - 1所示。

表 3 - 1 样本国家人力资源竞争力指数及排名

国家	2000 年		2005 年		2010 年		2012 年	
	指数	排名	指数	排名	指数	排名	指数	排名
美国	0.891	1	0.888	1	0.892	1	0.883	1
英国	0.815	5	0.830	2	0.831	2	0.820	2
澳大利亚	0.804	7	0.807	9	0.822	7	0.818	3
韩国	0.797	10	0.809	7	0.823	6	0.818	4
日本	0.849	2	0.830	3	0.824	5	0.817	5
法国	0.826	4	0.825	4	0.826	3	0.816	6
德国	0.828	3	0.824	5	0.825	4	0.815	7
丹麦	0.796	11	0.808	8	0.817	8	0.813	8
挪威	0.802	9	0.809	6	0.813	9	0.805	9
新西兰	0.777	12	0.790	12	0.808	10	0.803	10
荷兰	0.776	13	0.789	13	0.805	11	0.801	11
以色列	0.803	8	0.794	11	0.801	12	0.796	12

（续表）

国家	2000 年		2005 年		2010 年		2012 年	
	指数	排名	指数	排名	指数	排名	指数	排名
瑞典	0.812	6	0.799	10	0.796	13	0.789	13
中国	0.701	27	0.728	25	0.769	21	0.784	14
爱尔兰	0.758	19	0.776	14	0.792	14	0.777	15
瑞士	0.773	14	0.774	15	0.775	17	0.773	16
俄罗斯	0.731	23	0.754	21	0.773	19	0.771	17
奥地利	0.772	15	0.767	17	0.777	16	0.769	18
比利时	0.761	17	0.757	20	0.770	20	0.768	19
芬兰	0.762	16	0.772	16	0.773	18	0.766	20
西班牙	0.755	20	0.764	19	0.778	15	0.765	21
巴西	0.697	28	0.718	26	0.759	23	0.758	22
阿根廷	0.730	24	0.709	29	0.746	26	0.755	23
意大利	0.758	18	0.767	18	0.768	22	0.755	24
波兰	0.735	22	0.743	23	0.755	24	0.748	25
冰岛	0.744	21	0.754	22	0.753	25	0.740	26
捷克	0.704	26	0.730	24	0.742	27	0.738	27
土耳其	0.644	41	0.682	34	0.726	30	0.729	28
马来西亚	0.654	38	0.678	35	0.722	31	0.727	29
斯洛文尼亚	0.716	25	0.717	27	0.731	28	0.724	30
墨西哥	0.671	33	0.694	33	0.714	34	0.717	31
葡萄牙	0.694	29	0.702	30	0.729	29	0.716	32
乌克兰	0.664	36	0.699	31	0.716	33	0.710	33
斯洛伐克	0.686	31	0.695	32	0.720	32	0.708	34
匈牙利	0.693	30	0.716	28	0.711	35	0.704	35
南非	0.669	34	0.671	38	0.696	39	0.700	36
智利	0.656	37	0.668	39	0.697	38	0.699	37
哈萨克斯坦	0.638	42	0.664	40	0.698	37	0.697	38
哥斯达黎加	0.603	49	0.605	50	0.687	41	0.695	39
立陶宛	0.676	32	0.674	37	0.703	36	0.692	40

（续表）

国家	2000 年		2005 年		2010 年		2012 年	
	指数	排名	指数	排名	指数	排名	指数	排名
泰国	0.651	40	0.649	44	0.661	47	0.685	41
突尼斯	0.628	45	0.654	43	0.681	43	0.678	42
罗马尼亚	0.653	39	0.677	36	0.693	40	0.676	43
哥伦比亚	0.618	47	0.635	47	0.670	45	0.675	44
克罗地亚	0.665	35	0.663	41	0.684	42	0.668	45
塞浦路斯	0.619	46	0.660	42	0.671	44	0.665	46
拉脱维亚	0.632	44	0.643	45	0.666	46	0.659	47
埃及	0.634	43	0.630	48	0.648	49	0.650	48
印度	0.596	50	0.610	49	0.645	50	0.650	49
保加利亚	0.617	48	0.638	46	0.649	48	0.643	50
印度尼西亚	0.586	51	0.596	51	0.630	51	0.640	51
斯里兰卡	0.574	52	0.586	52	0.609	52	0.601	52

注：全书表中指数相同排名不同是小数四舍五入所致，其排名按实际大小确定。

来源：教育部教育发展研究中心人力资源强国评价研究课题组。

（一）人力资源竞争力指数及排名变化情况

本研究根据人力资源竞争力指数将 52 个国家划分为四类：人力资源竞争力指数在 0.800 及以上的国家称为第一梯队，在 0.750～0.799 的国家称为第二梯队，在 0.700～0.749 的国家称为第三梯队，在 0.699 及以下的国家称为第四梯队。

2012 年人力资源竞争力评价数据表明，在 52 个样本国家中，人力资源竞争力指数在 0.800 及以上，进入第一梯队的国家有 11 个；人力资源竞争力指数在 0.750～0.799，进入第二梯队的国家有 13 个；竞争力指数在 0.700～0.749，进入第三梯队的国家有 12 个；竞争力指数在 0.699 及以下，处于第四梯队的国家有 16 个。据此，本研究将进入人力资源竞争力前 11 名的国家定义为"人力资源强国"。这 11 个国家分别是美国、英国、澳大利亚、韩国、日本、法国、德国、丹麦、挪威、新西兰、荷兰。

1. 主要发达国家人力资源竞争力排名靠前，美国排名保持第一

与 2000 年相比，2012 年各国人力资源竞争力指数及排名的变化可分为三种情况：一是提升，二是持平，三是下降。由表 3-1 的数据可知，排在前列的国家除韩国外，均为主要发达国家和北欧国家。名次上有值得关注的变化。2012 年排名前七位依次为美国、英国、澳大利亚、韩国、日本、法国和德国。美国始终保持着第一的位置，显示了其人力资源的超强竞争力。英国从 2000 年的第 5 名提升到 2012 年的第 2 名；澳大

利亚从 2000 年的第 7 名提升到 2012 年的第 3 名；提升幅度最大的是韩国，从 2000 年的第 10 名提升到 2012 年的第 4 名，是新兴经济体中人力资源竞争力最强的国家。而日本从原来的第 2 名下降至第 5 名。由此可见，主要发达国家的人力资源竞争力总体处于领先地位。这也说明，一个国家的人力资源竞争力同该国经济社会发展水平有着很大的关联性。

2. 中国人力资源竞争力提升速度最快，指数已接近第一梯队

如表 3-1 所示，2000—2012 年，中国的人力资源竞争力指数从 0.701 提高到 0.784，排名从第 27 名提升到第 14 名，是提升速度最快的国家之一。这表明：第一，中国人力资源竞争力进入快速提升的时期；第二，中国人力资源竞争力指数已经超过爱尔兰、瑞士、奥地利、比利时、意大利和冰岛等发达国家，进入人力资源准强国的行列，正在向人力资源强国迅速迈进。

3. 部分国家人力资源竞争力指数排名升降幅度较大

人力资源竞争力指数排名提高幅度较大的国家除中国外，还有土耳其（提升 13名），哥斯达黎加（提升 10 名），马来西亚（提升 9 名），韩国、俄罗斯和巴西（分别提升 6 名）等国家。下降幅度较大的国家主要是克罗地亚（下降 10 名）、立陶宛（下降 8 名）、瑞典（下降 7 名）、意大利（下降 6 名）等（参见图 3-1）。

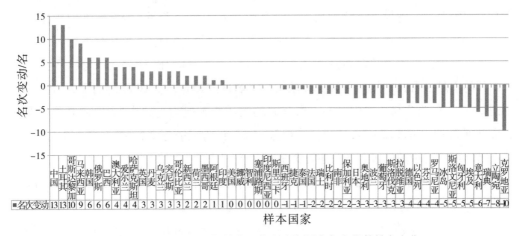

图 3-1　2000—2012 年样本国家人力资源竞争力指数排名变化

4. 金砖国家人力资源竞争力呈上升趋势

金砖国家由于国土及人口体量大，在人力资源总量上具有一定优势。近年，随着金砖国家政治、经济地位逐步提升，其人力资源竞争力也逐渐增强。金砖国家中人力资源竞争力指数增幅大、提速快的是中国和俄罗斯。中国从第 27 名提升到第 14 名，俄罗斯从第 23 名提升到第 17 名，都处于第二梯队靠前的位置，已进入人力资源准强国的行列。巴西从第 28 名提升到第 22 名，印度从第 50 名提升到第 49 名。由此可见，金砖国家人力资源竞争力分属三个层次，即中国和俄罗斯属于第二梯队，巴西属于第三梯队，而印度属于第四梯队。与其他金砖国家相比，印度的人力资源竞争力较弱，这在

一定程度上影响了其经济发展和社会进步。

（二）中国人力资源竞争力提升的主要因素

从人力资源竞争力指数变化情况来看，中国的排名持续提升：2000 年中国人力资源竞争力指数排在第 27 名，2005 年排在第 25 名，2010 年排在第 21 名，2012 年大幅提升到第 14 名，这样的提升速度在发展中国家中并不多见。

中国在"人力资源规模结构"方面，特别是在"15～64 岁人口总数""在校大学生数""科学家与工程师人数"等总量型指标上占有较大的优势。这源于中国的人口规模、劳动力规模和大学生规模比较大。具体来看，中国的人力资源竞争力指数及排名迅速提升的主要原因有以下几个方面。

第一，中国在人力资源规模结构上的优势较大。作为世界第一人口大国，中国的人力资源或劳动力规模始终位于世界第一。尽管随着老龄化的出现，中国劳动力人口开始缓慢下降，但在今后一定时期内中国人口和人力资源的规模优势仍将继续存在。这为中国建设人力资源强国奠定了人力资源规模上的基础。

第二，中国的人力资源开发能力和开发质量持续提升。从人力资源开发质量方面来看，2000 年至 2012 年间，中国的科学家与工程师规模增长高达 102%，每十万人口科学家与工程师人数上升了 87.8%。从人力资源开发能力来看，中国政府对教育、卫生及人力资源开发的投入也持续增加，公共教育及卫生经费投入无论是从占国内生产总值（GDP）的比例还是人均投入水平来看都呈逐年增长趋势。

第三，中国人力资源对经济和知识的贡献能力快速提升。从人力资源对生产和知识创新的贡献来看，中国人力资源贡献指数排名迅速提升，从 2000 年的第 20 名迅速上升到 2012 年的第 7 名。其中，在人力资源的物质贡献能力上，中国从 2000 年的第 39 名提升到 2012 年的第 23 名，提升了 16 名；在知识贡献能力上，中国从第 19 名提升到第 4 名，可以说中国已进入知识创新领先国家行列。

2012 年，中国 GDP 达到 519322 亿元，世界排名第二，其中毫无疑问有人力资源所作出的重要贡献。从知识贡献能力来看，据联合国知识产权组织（WIPO）统计，2012 年中国专利申请数以 65.28 万件连续第二年居全球首位，超过了美国的 54.28 万件和日本的 34.28 万件。与 2011 年相比，中国申请专利数量增长 24.0%，远超全球 9.2% 的总体增幅和美国 7.8%、日本 0.1% 的增幅。[①] 中国创新能力的迅速提升也与加强人力资源开发有着密切的关系。

二、人力资源竞争力中观分析

我们要深入了解人力资源竞争力的形成，不但要从宏观上、整体上对人力资源开

---

① 王欢. 2012 年中国专利申请数连续第二年居全球首位［EB/OL］.（2013 - 12 - 10）. http://world. huan-qiu. com/exclusive/2013 - 12/4647303. html.

发趋势与特点进行国际比较研究，还要深入中观层面，从人力资源的不同维度进行深入细致的分析，才能更清楚地了解中国和外国人力资源开发的各自优势和不足。下面将从人力资源竞争力评价指标体系中四个一级指标，即人力资源规模结构、人力资源开发质量、人力资源开发能力和人力资源贡献的维度进行深入分析。

（一）人力资源规模结构

通过人力资源规模结构指标的分析可评估人口规模与结构对人力资源竞争力的影响。人口是人力资源的载体和基本要素，人口规模与结构构成了人力资源竞争力的现实基础，人口规模大，意味着劳动人口总量也大，人力资源蓄水池也就大，反之亦然。合理的人口结构也是构成人力资源竞争力的重要因素，人口结构不合理，比如老龄人口过多，也会对人力资源开发产生负面影响。

1. 人力资源规模结构的总体趋势

人力资源规模结构由人力资源规模、人力资源荷载力、人力资源活力3个二级指标组成。一个国家人口资源规模结构指数是这三个指标相互作用的结果。

由于人口规模较大，发展中国家在这一指标上居于显著的领先地位，中国、印度、巴西等人口大国名列前茅，其后是泰国、印度尼西亚和马来西亚，这些国家人口及潜在劳动力的规模优势明显。这一指标排在前20名的国家，除韩国和美国等少数发达国家外，大都是发展中国家；而排在25名以后的国家几乎是发达国家，日本、芬兰、丹麦和瑞典处于52个国家中的倒数后4位（参见表3－2）。

表3－2　样本国家人力资源规模结构指数及排名

国家	2000 年		2005 年		2010 年		2012 年	
	指数	排名	指数	排名	指数	排名	指数	排名
中国	0.758	1	0.848	1	0.834	1	0.835	1
印度	0.684	4	0.666	3	0.701	2	0.728	2
巴西	0.675	5	0.664	4	0.667	3	0.687	3
泰国	0.674	6	0.668	2	0.650	4	0.659	4
印度尼西亚	0.690	2	0.650	6	0.634	6	0.657	5
马来西亚	0.560	14	0.580	10	0.625	7	0.651	6
俄罗斯	0.597	8	0.644	7	0.640	5	0.641	7
韩国	0.688	3	0.657	5	0.620	8	0.626	8
墨西哥	0.582	11	0.546	18	0.581	14	0.613	9
土耳其	0.589	10	0.570	14	0.583	13	0.606	10
哥伦比亚	0.572	12	0.559	16	0.584	12	0.605	11
突尼斯	0.536	16	0.575	12	0.594	10	0.602	12

（续表）

国家	2000 年		2005 年		2010 年		2012 年	
	指数	排名	指数	排名	指数	排名	指数	排名
南非	0.612	7	0.595	8	0.585	11	0.596	13
哈萨克斯坦	0.555	15	0.589	9	0.596	9	0.596	14
哥斯达黎加	0.478	28	0.517	23	0.552	16	0.576	15
埃及	0.523	19	0.528	20	0.550	17	0.567	16
智利	0.514	21	0.527	21	0.547	18	0.563	17
波兰	0.532	17	0.574	13	0.567	15	0.563	18
美国	0.563	13	0.558	17	0.539	19	0.543	19
乌克兰	0.516	20	0.521	22	0.520	22	0.539	20
斯洛伐克	0.496	22	0.560	15	0.537	20	0.534	21
斯里兰卡	0.596	9	0.576	11	0.528	21	0.522	22
阿根廷	0.490	24	0.469	27	0.484	24	0.505	23
罗马尼亚	0.524	18	0.529	19	0.495	23	0.497	24
塞浦路斯	0.421	36	0.462	28	0.468	25	0.478	25
澳大利亚	0.469	29	0.453	29	0.453	27	0.453	26
捷克	0.481	25	0.515	24	0.462	26	0.435	27
西班牙	0.495	23	0.491	25	0.438	28	0.423	28
爱尔兰	0.454	31	0.473	26	0.419	29	0.408	29
立陶宛	0.372	44	0.385	35	0.391	32	0.403	30
匈牙利	0.411	38	0.424	30	0.394	30	0.397	31
英国	0.429	33	0.416	31	0.393	31	0.393	32
以色列	0.408	39	0.353	44	0.353	36	0.368	33
新西兰	0.386	42	0.377	40	0.361	34	0.364	34
瑞士	0.389	41	0.376	42	0.351	37	0.358	35
法国	0.423	34	0.377	41	0.356	35	0.354	36
荷兰	0.455	30	0.412	32	0.361	33	0.349	37
德国	0.480	26	0.395	34	0.329	41	0.334	38
奥地利	0.399	40	0.378	39	0.327	42	0.332	39
葡萄牙	0.423	35	0.378	38	0.332	39	0.331	40

（续表）

国家	2000 年		2005 年		2010 年		2012 年	
	指数	排名	指数	排名	指数	排名	指数	排名
挪威	0.332	50	0.314	46	0.321	43	0.328	41
斯洛文尼亚	0.416	37	0.401	33	0.332	40	0.324	42
保加利亚	0.376	43	0.384	36	0.335	38	0.323	43
意大利	0.435	32	0.363	43	0.320	44	0.314	44
冰岛	0.305	51	0.289	52	0.299	46	0.306	45
比利时	0.338	49	0.299	50	0.303	45	0.301	46
克罗地亚	0.354	46	0.308	48	0.286	48	0.292	47
拉脱维亚	0.344	48	0.332	45	0.281	49	0.280	48
瑞典	0.301	52	0.290	51	0.287	47	0.278	49
丹麦	0.362	45	0.310	47	0.271	52	0.269	50
芬兰	0.349	47	0.303	49	0.273	51	0.257	51
日本	0.479	27	0.384	37	0.277	50	0.250	52

来源：教育部教育发展研究中心人力资源强国评价研究课题组。

一些发达国家如美国、日本等虽然人口规模较大，但由于社会老龄化，人力资源活力不足，其人力资源规模结构竞争力较低。从长远看，人力资源规模结构的不合理可能导致劳动力供给不足，影响经济增长和可持续发展。

2. 中国人力资源规模结构指数稳居首位

中国是世界第一人口大国。改革开放以来，中国的人口规模巨大、劳动力总量大、抚养率低等人口红利，降低了劳动力成本，形成了人力资源比较优势，为中国经济的持续快速增长提供了人力资源方面的重要支持。

如表 3-2 所示，2000 年以来，中国的人力资源规模结构指数一直排名第一，占据绝对优势。但是，与 2005 年相比，2012 年中国的人力资源规模结构指数略有下降。今后，随着中国社会的迅速老龄化和人口抚养比上升，中国人力资源规模结构的竞争优势可能继续下降，从长远来看，随着出生率的降低，中国的劳动力供给能力将下降，这对未来中国的人力资源规模结构将产生重大影响。

（二）人力资源开发质量

人口学中有人口质量的概念，它是反映人口总体的质的规定性的范畴，亦反映人口总体认识和改造世界的条件和能力。它指的是人口总体的身体素质、科学文化素质及思想道德素质，亦称人口素质。本研究借鉴人口学的这一概念，用人口健康水平、受教育水平和核心人力资源数量作为评价人力资源开发质量的主要指标。

1. 发达国家在人力资源开发质量上遥遥领先

从人力资源开发质量指数来看，2012年处于前26位的国家均为发达国家，这与前述人力资源规模结构发展中国家领先的情况形成鲜明对照。源于其教育发展、人均寿命、科学家与工程师规模等优势，2012年美国的人力资源开发质量指数位居首位。日本和德国位居第2和第3，在人力资源开发质量上的优势比较明显，在一定程度上弥补了其在人力资源规模结构方面的劣势。值得注意的是，韩国的人力资源开发质量指数提升幅度较大，从2000年的第13名上升到2012年的第4名（参见表3-3），这是韩国过去几十年实施重视教育等人力资源开发战略的结果。

表3-3 样本国家人力资源开发质量指数及排名

国家	2000年		2005年		2010年		2012年	
	指数	排名	指数	排名	指数	排名	指数	排名
美国	0.916	2	0.912	1	0.921	1	0.919	1
日本	0.919	1	0.909	2	0.913	2	0.911	2
德国	0.821	7	0.861	4	0.890	3	0.897	3
韩国	0.760	13	0.826	8	0.873	4	0.883	4
英国	0.832	4	0.868	3	0.870	5	0.868	5
澳大利亚	0.836	3	0.841	5	0.857	6	0.865	6
以色列	0.826	6	0.831	7	0.853	7	0.855	7
法国	0.797	9	0.808	10	0.837	8	0.840	8
挪威	0.796	10	0.815	9	0.820	9	0.826	9
丹麦	0.737	16	0.789	12	0.813	11	0.819	10
瑞典	0.829	5	0.837	6	0.818	10	0.817	11
荷兰	0.765	11	0.780	14	0.790	12	0.800	12
瑞士	0.802	8	0.795	11	0.790	13	0.791	13
芬兰	0.738	15	0.783	13	0.778	14	0.780	14
新西兰	0.760	12	0.762	15	0.777	15	0.778	15
奥地利	0.709	18	0.726	20	0.762	16	0.767	16
比利时	0.737	17	0.742	18	0.758	17	0.762	17
捷克	0.691	23	0.758	16	0.746	20	0.758	18

（续表）

国家	2000 年		2005 年		2010 年		2012 年	
	指数	排名	指数	排名	指数	排名	指数	排名
俄罗斯	0.745	14	0.746	17	0.754	19	0.757	19
西班牙	0.707	19	0.731	19	0.757	18	0.756	20
爱尔兰	0.702	21	0.722	21	0.737	22	0.746	21
意大利	0.681	24	0.709	23	0.739	21	0.741	22
斯洛文尼亚	0.679	25	0.682	25	0.720	23	0.741	23
波兰	0.703	20	0.710	22	0.718	24	0.722	24
冰岛	0.697	22	0.702	24	0.703	25	0.702	25
葡萄牙	0.575	34	0.597	31	0.669	29	0.698	26
中国	0.621	30	0.677	26	0.682	27	0.691	27
斯洛伐克	0.661	26	0.665	27	0.683	26	0.686	28
匈牙利	0.624	29	0.639	30	0.663	30	0.674	29
立陶宛	0.646	27	0.645	28	0.671	28	0.664	30
乌克兰	0.637	28	0.644	29	0.638	31	0.630	31
阿根廷	0.584	33	0.587	33	0.627	32	0.626	32
马来西亚	0.449	41	0.513	40	0.615	34	0.620	33
克罗地亚	0.585	32	0.578	35	0.615	33	0.614	34
保加利亚	0.572	35	0.583	34	0.593	36	0.596	35
拉脱维亚	0.546	36	0.554	36	0.596	35	0.593	36
罗马尼亚	0.587	31	0.593	32	0.586	37	0.580	37
塞浦路斯	0.464	38	0.524	37	0.545	38	0.550	38
土耳其	0.404	46	0.469	44	0.532	41	0.550	39
哥斯达黎加	0.356	49	0.340	50	0.538	39	0.549	40
巴西	0.454	39	0.514	39	0.536	40	0.529	41
墨西哥	0.446	42	0.517	38	0.527	42	0.528	42
智利	0.471	37	0.507	41	0.508	44	0.504	43
突尼斯	0.421	43	0.491	42	0.515	43	0.502	44
哈萨克斯坦	0.453	40	0.47	43	0.494	45	0.494	45
泰国	0.405	45	0.431	45	0.439	46	0.431	46

（续表）

国家	2000 年		2005 年		2010 年		2012 年	
	指数	排名	指数	排名	指数	排名	指数	排名
埃及	0.386	48	0.421	46	0.418	47	0.422	47
斯里兰卡	0.411	44	0.418	47	0.396	48	0.386	48
哥伦比亚	0.31	51	0.362	49	0.348	49	0.356	49
南非	0.329	50	0.322	51	0.336	51	0.340	50
印度尼西亚	0.398	47	0.368	48	0.337	50	0.333	51
印度	0.253	52	0.307	52	0.318	52	0.303	52

来源：教育部教育发展研究中心人力资源强国评价研究课题组。

2. 中国 2012 年位居发展中国家前列，但与发达国家仍有较大差距

相关数据显示，2000 年中国的人力资源开发质量排在第 30 名，2012 年上升到第 27 名，居于中游水平。2012 年中国的人均预期寿命排在第 33 名，人均受教育年限（25 岁及以上）排在第 41 名，每十万人口科学家与工程师人数排在第 38 名，这几项排名都比较低，只有科学家与工程师人数排在首位。中国在科学家与工程师人数上的优势，弥补了中国其他指标的劣势，使中国人力资源开发质量竞争力整体处于发展中国家前列。但与发达国家相比，中国还有较大差距。

从 2000 年到 2012 年的 12 年间，中国的人均受教育年限（25 岁及以上）排名从第 37 名下降到第 41 名。需要特别说明的是，关于人均受教育年限，中国通常的统计口径是 6 岁或 15 岁以上的人均受教育年限，为了进行国际比较，课题组采用了 25 岁以上人口人均受教育年限作为替代。这样一来，中国普及九年义务教育等对提高人均受教育年限的贡献就难以充分反映出来。

3. 发展中国家人力资源开发质量指数排名总体较低

发展中国家的排名总体较低，除一些东欧国家外，排在 30 名之后的国家大都是发展中国家。在金砖国家中，俄罗斯人力资源开发质量的排名虽然从第 14 名下降到第 19 名，但它仍是发展中国家中排名最高的国家。而另一个金砖国家印度，其人力资源开发质量排名垫底，这使印度在人口规模和结构方面的优势大打折扣，同时也使其同中国的差距拉大。发展中国家里也有排名提升幅度较大的，如哥斯达黎加提升 39 名、马来西亚提升了 8 名、土耳其提升了 7 名。而排名下降幅度较大的国家主要有克罗地亚（下降 6 名）、智利（下降 6 名）、哈萨克斯坦（下降 5 名）、印度尼西亚（下降 4 名）。从总体看，发展中国家要在人力资源开发质量方面追赶发达国家，仍有很长的路要走。

（三）人力资源开发能力

人力资源开发能力是一个国家或地区将潜在人力资源转变成为现实人力资源的能

力，包括组织能力、保障能力和产出能力。人力资源竞争力评价指标体系确定通过教育综合培养能力、高层次人才培养能力、教育保障能力和健康保障能力4个二级指标，对人力资源开发能力进行评价。

1. 欧美国家居于领先地位

相关数据表明，在人力资源开发能力指数排名靠前的也大都是欧美发达国家。值得注意的是，丹麦、新西兰、澳大利亚、挪威等国家人力资源开发能力位居前列，这可能与这些国家不需要太多的国防和安全投入，而将财政大量投向医疗卫生及教育等公共事业有关。2012年，丹麦的教育与卫生投入高达GDP的18%左右，荷兰和新西兰也超过了15%，其比例约为印度和印度尼西亚的3倍。

美国不仅在人力资源开发能力方面具有较大优势，在人力资源规模结构、人力资源开发质量与人力资源贡献方面均表现良好（参见表3-4）。

表3-4　美国人力资源相关指标变化情况

指标	2000年	2005年	2010年	2012年
15~64岁人口总数/万人	14713.42	15267.65	15745.37	15866.61
15~64岁人口占总人口的百分比/%	66.29	67.14	67.10	66.74
人口年龄中位数/岁	35.27	36.21	37.06	37.30
人均预期寿命/年	76.64	77.34	78.54	78.74
人均受教育年限（25岁及以上）/年	12.70	12.80	12.90	12.90
科学家与工程师人数/千人	983.21	1101.06	1198.28	1252.95
每十万人口科学家与工程师人数/人	3454.77	3692.78	3837.60	3978.73
人均预期受教育年限/年	15.32	15.85	16.41	16.44
公共教育经费占GDP比例/%	5.46	5.07	5.42	5.23
人均公共教育经费/美元	2015.24	2227.67	2597.69	2575.23
公共卫生支出占GDP比例/%	5.66	6.73	8.10	8.01
人均公共卫生支出/美元	2044.90	2955.19	3883.00	4075.09
研究与开发经费支出占GDP比例/%	2.62	2.51	2.74	2.79
研究与开发经费总量/亿美元	2693.83	3280.85	4097.66	4512.70
国内生产总值/亿美元	10284.75	13093.70	14964.40	16163.15
劳动生产率/亿美元	105430.58	131940.14	149669.31	161953.85
专利申请总量/件	164795.00	207867.00	241977.00	268782.00
每百万人口专利申请数/件	579.05	697.15	774.95	846.54

来源：教育部教育发展研究中心人力资源强国评价研究课题组。

2. 中国的人力资源开发能力指数排名较低

人力资源开发能力是中国人力资源竞争力的短板。中国人力资源开发能力指数在 52 个国家中，2000 年排在第 49 名，2012 年排在第 47 名，仅提升两名。中国人力资源开发能力指数只有 0.372，低于巴西、智利、土耳其、泰国、马来西亚和南非等发展中国家（参见表 3-5），只能与哈萨克斯坦、埃及、印度尼西亚和印度为伍，这与我们建设人力资源强国的要求相去甚远。在人力资源 4 个一级指标中，人力资源开发能力是中国最薄弱的环节。

从人力资源开发能力的 4 个二级指标得分情况来看，中国在高层次人才培养能力方面进步较快，排名从 2000 年的第 43 名提升到 2012 年的第 11 名，是所有国家中提升幅度最大的，这也是 4 个二级指标中中国提升幅度最大的指标。中国的教育保障能力指数提升则不明显，2000 年排在第 50 名，2012 年排在第 44 名。

人力资源开发投入不足是影响中国人力资源开发能力的重要因素。教育和医疗卫生投入不足是中国人力资源开发中最大的短板。虽然经过多年的努力，中国于 2012 年实现了财政性教育经费占 GDP 4% 的目标，并多年维持该水平，但这个投入水平在样本国家中仍属于较低水平。另外，由于中国学龄人口规模大，同发达国家甚至一些发展中国家相比，中国在人均公共教育经费投入方面也存在差距。对教育和医疗卫生投入不足直接影响了人力资源开发质量和开发能力。

从目前中国教育经费增长情况来看，中国财政性教育经费维持在 GDP 4% 的水平上已不容易，持续增长的前景并不乐观。2014 年，全国教育经费总投入虽然比上年增长了 8%，国家财政性教育经费比上年增长了 7.9%，但国家财政性教育经费仅占 GDP 的 4.15%，甚至比 2012 年还降低了 0.13%。

表 3-5　样本国家人力资源开发能力指数及排名

国家	2000 年		2005 年		2010 年		2012 年	
	指数	排名	指数	排名	指数	排名	指数	排名
丹麦	0.797	2	0.808	1	0.793	2	0.827	1
新西兰	0.727	10	0.777	4	0.819	1	0.787	2
澳大利亚	0.781	4	0.772	5	0.786	3	0.783	3
挪威	0.795	3	0.795	2	0.766	5	0.776	4
美国	0.771	5	0.757	6	0.778	4	0.750	5
荷兰	0.685	14	0.698	11	0.741	7	0.746	6
冰岛	0.732	9	0.779	3	0.744	6	0.725	7
芬兰	0.741	8	0.741	7	0.717	10	0.700	8
爱尔兰	0.652	20	0.685	13	0.729	8	0.687	9

（续表）

国家	2000 年		2005 年		2010 年		2012 年	
	指数	排名	指数	排名	指数	排名	指数	排名
瑞典	0.831	1	0.740	8	0.708	11	0.680	10
比利时	0.755	7	0.686	12	0.686	13	0.679	11
法国	0.763	6	0.731	9	0.700	12	0.674	12
英国	0.697	13	0.718	10	0.720	9	0.672	13
德国	0.719	11	0.673	14	0.685	14	0.669	14
西班牙	0.667	17	0.639	18	0.667	15	0.651	15
奥地利	0.716	12	0.645	17	0.666	16	0.651	16
阿根廷	0.586	24	0.505	30	0.583	25	0.645	17
韩国	0.605	23	0.617	22	0.638	18	0.627	18
瑞士	0.647	21	0.638	19	0.622	20	0.623	19
葡萄牙	0.658	19	0.618	21	0.620	21	0.606	20
斯洛文尼亚	0.625	22	0.654	16	0.644	17	0.605	21
日本	0.684	15	0.616	23	0.607	22	0.603	22
意大利	0.662	18	0.659	15	0.628	19	0.590	23
以色列	0.672	16	0.632	20	0.586	24	0.576	24
立陶宛	0.560	26	0.563	26	0.594	23	0.566	25
捷克	0.522	28	0.533	28	0.571	27	0.559	26
巴西	0.479	31	0.471	34	0.537	28	0.525	27
智利	0.441	34	0.426	37	0.494	34	0.513	28
波兰	0.574	25	0.591	25	0.575	26	0.512	29
俄罗斯	0.438	37	0.498	31	0.516	31	0.510	30
乌克兰	0.393	45	0.512	29	0.527	29	0.503	31
哥斯达黎加	0.435	38	0.391	44	0.484	37	0.487	32
匈牙利	0.546	27	0.593	24	0.517	30	0.486	33
斯洛伐克	0.467	32	0.471	33	0.513	32	0.481	34
拉脱维亚	0.491	29	0.537	27	0.506	33	0.465	35
塞浦路斯	0.419	41	0.490	32	0.490	35	0.460	36
土耳其	0.389	46	0.382	46	0.446	39	0.457	37

（续表）

国家	2000 年		2005 年		2010 年		2012 年	
	指数	排名	指数	排名	指数	排名	指数	排名
克罗地亚	0.483	30	0.467	35	0.487	36	0.455	38
哥伦比亚	0.423	40	0.395	42	0.443	40	0.426	39
突尼斯	0.446	33	0.461	36	0.435	41	0.416	40
泰国	0.415	42	0.380	47	0.360	47	0.406	41
马来西亚	0.438	35	0.420	39	0.381	45	0.401	42
南非	0.433	39	0.384	45	0.378	46	0.399	43
罗马尼亚	0.347	47	0.417	40	0.453	38	0.395	44
保加利亚	0.407	44	0.412	41	0.408	42	0.388	45
哈萨克斯坦	0.339	48	0.394	43	0.384	44	0.380	46
中国	0.226	49	0.255	49	0.333	48	0.372	47
墨西哥	0.438	36	0.423	38	0.386	43	0.363	48
埃及	0.409	43	0.349	48	0.296	49	0.279	49
印度尼西亚	0.223	50	0.210	50	0.222	50	0.262	50
印度	0.217	51	0.163	52	0.167	51	0.207	51
斯里兰卡	0.196	52	0.163	51	0.141	52	0.118	52

来源：教育部教育发展研究中心人力资源强国评价研究课题组。

（四）人力资源贡献

人力资源贡献是人力资源开发成果的体现。本指标体系从国内生产总值、劳动生产率、专利申请总量和每百万人口专利申请数等 4 个三级指标对人力资源的贡献度进行评估。

1. 主要发达国家在人力资源贡献方面名列前茅

美国、日本、德国、法国和英国等主要发达国家，依靠其人均国内生产总值及研究开发能力方面的优势，在人力资源贡献指数上一直居于前列。美国和日本的这一指数达到 0.900 以上（参见表 3-6），在人力资源贡献方面的竞争优势十分明显。比如，在 2012 年全球专利申请总量中，美国占 19%，日本占 20.3%，德国占 3.3%，英国占 1.1%，法国占 1%，五个发达国家占据了全球专利申请总量的 44.7%。新兴国家中，韩国排名靠前，人力资源贡献指数排名从 2000 年以来一直排在第 4 名。2012 年韩国的专利申请总量占全球专利申请总量的 10.5%。

2. 中国人力资源贡献指数迅速提升

2000 年，中国人力资源贡献指数排在第 20 名，2010 年进入前 10 名，2012 年上升为第 7 名（参见表 3 - 6），呈现出快速提升的趋势。中国人力资源贡献能力迅速提升的主要影响因素，一是人力资源开发促进了经济高速增长，推动中国的国内生产总值迅速增大，人均收入也迅速增加；二是中国的专利申请总量增速迅猛，一跃成为世界第一。2000 年，中国专利申请总量为 25346 件，占全球专利申请总量（814796 件）的 3.1%。2012 年，中国专利申请总量为 535313 件，占全球专利申请总量的 37.9%，12 年里增长了十多倍。这标志着中国的创新能力得到了明显提升，中国正向着科技创新大国迈进。

表 3 - 6　样本国家人力资源贡献指数及排名

国家	2000 年		2005 年		2010 年		2012 年	
	指数	排名	指数	排名	指数	排名	指数	排名
美国	0.942	2	0.920	2	0.919	1	0.903	1
日本	0.979	1	0.929	1	0.918	2	0.900	2
韩国	0.851	4	0.802	4	0.806	4	0.793	3
德国	0.869	3	0.814	3	0.810	3	0.786	4
法国	0.814	6	0.759	6	0.758	5	0.732	5
英国	0.835	5	0.767	5	0.735	6	0.714	6
中国	0.682	20	0.557	22	0.666	9	0.706	7
意大利	0.787	7	0.729	7	0.729	7	0.695	8
澳大利亚	0.715	16	0.644	11	0.667	8	0.667	9
挪威	0.721	14	0.648	9	0.666	10	0.652	10
瑞士	0.738	9	0.642	13	0.658	12	0.641	11
俄罗斯	0.711	18	0.593	18	0.637	16	0.640	12
瑞典	0.761	8	0.651	8	0.649	14	0.637	13
荷兰	0.735	10	0.647	10	0.659	11	0.628	14
奥地利	0.723	12	0.643	12	0.651	13	0.625	15
丹麦	0.722	13	0.636	15	0.645	15	0.615	16
芬兰	0.732	11	0.630	16	0.635	17	0.613	17
西班牙	0.720	15	0.638	14	0.635	18	0.599	18
比利时	0.672	22	0.574	21	0.587	21	0.578	19
新西兰	0.678	21	0.587	19	0.581	22	0.569	20
以色列	0.714	17	0.585	20	0.600	19	0.564	21

（续表）

国家	2000 年		2005 年		2010 年		2012 年	
	指数	排名	指数	排名	指数	排名	指数	排名
爱尔兰	0.693	19	0.608	17	0.594	20	0.551	22
土耳其	0.570	32	0.485	24	0.554	23	0.550	23
波兰	0.657	25	0.506	23	0.544	24	0.540	24
巴西	0.659	23	0.481	25	0.528	25	0.513	25
捷克	0.597	31	0.465	27	0.507	26	0.481	26
葡萄牙	0.546	40	0.424	34	0.483	28	0.466	27
斯洛文尼亚	0.597	30	0.461	28	0.487	27	0.464	28
阿根廷	0.657	24	0.430	31	0.459	30	0.453	29
哈萨克斯坦	0.561	36	0.390	38	0.450	32	0.448	30
墨西哥	0.605	27	0.444	29	0.445	34	0.446	31
马来西亚	0.542	42	0.392	37	0.457	31	0.446	32
匈牙利	0.611	26	0.481	26	0.469	29	0.445	33
罗马尼亚	0.563	35	0.405	36	0.449	33	0.413	34
智利	0.563	34	0.406	35	0.413	38	0.408	35
南非	0.598	28	0.439	30	0.436	35	0.397	36
克罗地亚	0.570	33	0.425	32	0.418	36	0.389	37
印度	0.554	38	0.341	41	0.395	40	0.383	38
斯洛伐克	0.539	43	0.355	40	0.415	37	0.378	39
乌克兰	0.598	29	0.386	39	0.375	41	0.378	40
拉脱维亚	0.494	45	0.312	44	0.362	42	0.363	41
冰岛	0.556	37	0.425	33	0.398	39	0.361	42
泰国	0.545	41	0.328	42	0.359	43	0.341	43
立陶宛	0.475	46	0.301	45	0.339	44	0.333	44
埃及	0.553	39	0.273	47	0.331	46	0.329	45
保加利亚	0.504	44	0.319	43	0.335	45	0.323	46
哥伦比亚	0.475	47	0.246	48	0.280	48	0.308	47
印度尼西亚	0.454	49	0.205	50	0.281	47	0.281	48
斯里兰卡	0.424	51	0.184	51	0.234	50	0.233	49

（续表）

国家	2000 年		2005 年		2010 年		2012 年	
	指数	排名	指数	排名	指数	排名	指数	排名
突尼斯	0.457	48	0.241	49	0.250	49	0.230	50
塞浦路斯	0.441	50	0.296	46	0.210	51	0.190	51
哥斯达黎加	0.380	52	0.111	52	0.148	52	0.162	52

来源：教育部教育发展研究中心人力资源强国评价研究课题组。

3. 人力资源贡献指数排名的变化

从 2000 年至 2012 年间人力资源贡献指数排名变化来看，排名提升幅度较大的国家除中国外，主要有葡萄牙（提升 13 名）、马来西亚（提升 10 名）、澳大利亚（提升 7 名）、俄罗斯（提升 6 名）、捷克（提升 5 名）。而名次下降幅度较大的国家主要有乌克兰（下降 11 名）、南非（下降 8 名）、埃及（下降 6 名）、冰岛（下降 5 名）等。

4. 发展中国家在科技创新能力上与发达国家差距巨大

全球专利申请统计表明，知识创新集中于少数几个国家。2012 年，中国、美国、日本、韩国、法国、英国等六个国家占据了全球专利申请总量的 95.1%，若再加上俄罗斯的 2% 和印度的 0.7%，八个国家申请的专利总量占到全球总量的近 98%。由此可见，在人力资源的创新能力方面，发展中国家和发达国家存在着巨大差距。

（五）中国人力资源强国建设中的主要问题

与发达国家相比，中国人力资源竞争力的一个重要特点是"强项"与"弱项"并存，"优势"与"劣势"十分明显。人力资源竞争力的形成是个复杂和渐进的过程，在这个过程中出现"强项"与"弱项""高分项"与"低分项"等分化现象在所难免。

在人力资源规模结构、人力资源开发质量、人力资源开发能力和人力资源贡献 4 个一级指标中，2012 年，中国有两项指数排名较靠前，分别为人力资源规模结构指数排在第 1 名，人力资源贡献指数排在第 7 名；人力资源开发质量排在第 27 名，居于中间水平；而人力资源开发能力排在第 47 名，处于较低水平。从三级指标来看，中国 15～64 岁人口总数、15～64 岁人口占总人数的百分比、专利申请总量等指标评价中位居前列，但在人均受教育年限（25 岁及以上）（第 41 名）、公共教育经费占 GDP 比例（第 40 名）、公共卫生支出占 GDP 比例（第 46 名）和人均预期寿命（第 33 名）等指标上落后较多。可见，中国因人口基数大，在总量指标上具有优势，但在人均指标上相对处于劣势。

中国在人力资源开发水平上的差距主要表现在三个方面：一是从结果来看，中国人力资源存量不足，人均预期受教育年限仅为 11.7 年，大大落后于发达国家。二是从过程来看，中国教育整体参与水平与发达国家尚存在一定差距，特别是在学前教育、高中阶段教育和高等教育的入学率方面差距明显。开发能力不足是制约我国人力资源强国建设的主要瓶颈。三是经费投入不足，中国虽然实现了财政性教育经费占 GDP 4% 的目标，但相对于各国教育投入的平均水平，中国的教育投入水平仍然偏低。2012 年，绝大多数国家公共教育经费占 GDP 比例都高于 5%，指数排名第 1 的丹麦更是高达 8.74%。中国的公共卫生支出占 GDP 比例也有待提高。2012 年中国公共卫生支出占 GDP 比例仅为 3.0%，指数排名第 46 名，不仅低于发达国家较多，与一些发展中国家相比也有较大差距。中国在增加人力资源开发投入方面尚需作出更大努力。

（六）人力资源竞争力宏观分析的主要结论

1. 中国正在接近人力资源强国的门槛

以上分析表明，中国在人力资源建设方面已处于国际上的第二梯队，整体水平和开发能力持续处于所有发展中国家前列，并已开始在综合排名上超过西班牙、瑞士、奥地利和意大利等部分发达国家。特别在 15～64 岁人口总数、15～64 岁人口占总人口的百分比、人口年龄中位数和国内生产总值等指标评价中中国居于前列，表现出较为强劲的成长性和竞争优势。

2. 发达国家依然占有相对优势但开始出现分化

美国等主要发达国家仍保持着人力资源竞争力优势，英国、澳大利亚、德国、法国和新西兰等国家人力资源竞争力有所提升，韩国等新兴经济体进入人力资源强国行列，但发达国家之间开始出现结构性分化势头。意大利等发达国家人力资源竞争力排名出现下降趋势，被中国、俄罗斯等金砖国家超越。就整体而言，发达国家正在失去人力资源强国方面的绝对优势，只有相对比较优势。

3. 中国建设人力资源强国仍任务艰巨

中国人力资源开发结构性矛盾表现为人力资源规模结构优势明显，人力资源贡献表现突出，但人力资源开发能力不足，人力资源开发质量有待提升。中国人力资源竞争力的优势主要表现在总量方面，人均指标同发达国家仍有较大差距。人力资源开发能力不强，成为中国人力资源强国建设的主要制约因素。尤其是公共教育与公共卫生投入不足，处于世界平均水平以下，对中国人力资源开发水平和竞争力产生不利影响。中国要进入人力资源强国行列，不能仅靠人力资源总量上的优势，还要在提升人力资源开发能力等方面作出更大努力，实现从以人力资源规模结构开发为主向以开发质量提升为主的战略转变。

4. 破解人力资源规模结构与开发质量的"二律悖反"

数据显示，在人力资源强国建设上存在规模结构与开发质量的"二律悖反"。一般而言，在人力资源规模结构方面具有竞争优势的国家，在人力资源开发质量方面可能处于劣势；而在人力资源规模结构方面处于竞争劣势的国家，在人力资源开发质量方面可能居于优势。换言之，在总量上占优势的国家，在人均指标上往往表现较差。

如何破解"二律悖反"？在人力资源强国建设上应采取怎样的开发战略？

（1）促进规模增长与提升开发质量是不同发展阶段的开发策略。由于经济社会发展的历史背景与阶段不同,一个国家的人力资源开发也会呈现不同的发展阶段或模式。发展中国家人口发展处于增长阶段,其人口的年龄结构一般为年轻型,人力资源活力较强,但人口多也会给提升人力资源开发质量带来困难,导致教育普及水平低、人力资源开发能力不足,影响其人力资源竞争力的提升。而发达国家实现了学前教育、义务教育和高等教育的全面普及,人力资源开发能力较强,质量较高,往往表现出较强的竞争力,但由于社会老龄化速度较快,人力资源的持续开发也面临挑战。

(2)人力资源开发质量与规模结构上的优势可以相互转换。从样本国家人力资源规模结构指数与开发质量指数的关系来看,部分国家在两者间保持着较高水平的平衡,也有国家存在着规模结构指数较高而开发质量指数较低的现象(参见图3-2)。人口发展又可以分为以数量规模为主的第一次人口红利和以素质质量为主的第二次人口红利。对于那些人口出生率下降、少子化和老龄化速度加快、劳动力规模持平或下降、人口扶养比上升、第一次人口红利降低的国家来说,其人力资源开发战略必然更注重质量与内涵提升。

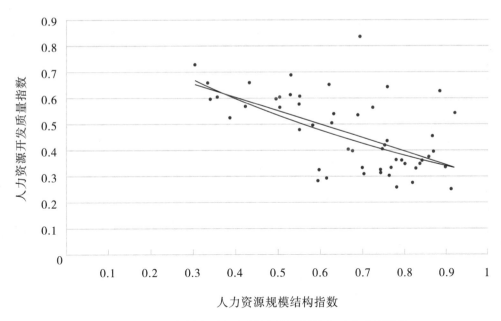

图3-2 2012年样本国家人力资源规模结构与开发质量情况

(3)建设人力资源强国需要时间和开发战略转型,是一项长期的系统工程。发达国家的经验表明,建设人力资源强国不仅需要人力、物力的投入,还需要时间的投入。换言之,提升人力资源竞争力,需要经历一定的发展阶段,这个关系大致可以用"投入×时间=产出"的公式来表示。

以美国为例,早在20世纪60年代,美国就基本普及了高中阶段教育,毛入学率达到85%。到1971年,美国成为世界上第一个高等教育毛入学率达到50%的国家,率先实现了高等教育的普及化。而中国,2012年才基本实现普及高中阶段教育的目标,毛入学率才达到86%，高等教育毛入学率仅为36%。与美国相比，中国高中阶段教育的普及和高等教育大众化落后了40年以上的时间。

但也要看到，随着中国教育进入了跨越式高速发展阶段，中国教育普及的速度也在加快。比如，2000—2010年，中国25岁及以上人口人均受教育年限从8.63年提高到9.75年，年均增长0.12年左右，增速高于发达国家。

中国在人力资源规模结构、人力资源开发能力和人力资源贡献等方面已经初步具备了成为人力资源强国的基础条件。中国需要的是时间，同时也需要在持续加大人力资源开发投入的基础上，将人力资源开发战略的重点转向质量与内涵提升。只要不懈努力，中国进入世界人力资源强国行列的战略目标就一定能实现。

第四章　人力资源竞争力微观分析

第三章聚焦人力资源竞争力评价指标体系中的一级指标和二级指标，并进行宏观层面的分析。本章将聚焦 18 个三级指标，对中国人力资源竞争力进行微观层面的分析。

一、人力资源规模结构相关指标

本评价指标体系中与人力资源规模结构相关的指标有 3 个，分别是反映人力资源规模的"15～64 岁人口总数"，反映人力资源荷载力的"15～64 岁人口占总人口的百分比"和反映人力资源活力的"人口年龄中位数"。

（一）指标 1：15～64 岁人口总数

1. 指标解释

15～64 岁人口总数是指一个国家劳动年龄人口总量，反映一个国家劳动力规模的大小。劳动力规模越大，可利用的人力资源就越丰富。

2. 数据分析

2000—2012 年，在 52 个样本国家中，中国的劳动年龄人口总量一直保持第 1 名，第 2 名的印度，正在迅速接近中国。劳动年龄人口总量第 3 名到第 10 名的国家依次为美国、印度尼西亚、巴西、俄罗斯、日本、墨西哥、德国和泰国。这个指标各国指数排名比较稳定，2000—2012 年间的排名没有变化，是各项指标中排名最稳定、变化最小的指标。

（二）指标 2：15～64 岁人口占总人口的百分比

1. 指标解释

15～64 岁人口占总人口的百分比是指一个国家劳动年龄人口占总人口的比率，反映一个国家劳动年龄人口与非劳动年龄人口之间的比率关系，可以反映一个国家的人口扶养比。该比率越高，人口扶养比越低，说明每个劳动年龄人口平均需供养的非劳动年龄人口越少。

2. 数据分析

与前述劳动年龄人口总量指数排名超稳定的情况相比，劳动年龄人口占比的指数及其排名有所不同。一是部分国家该指数排名有较大变化。比如，中国 2000 年该指标排在第 17 名，自 2005 年以后一直排在首位。该指数排名上升幅度较大的国家主要有：突尼斯和哥斯达黎加（各上升 32 名）、马来西亚（上升 29 名）、巴西（上升 20 名）、立陶宛（上升 19 名）、土耳其（上升 15 名）。韩国 2000 年排在首位，2005 年以后维持在第 2 名的位置；波兰从 2000 年的第 9 名上升到 2012 年的第 6 名；塞浦路斯从 2000 年的第 20 名提高到 2012 年的第 7 名。二是该指标指数排名靠前的国家除韩国外大都是发展中国家。2012 年这一指标指数排在第 3 名到第 10 名的国家依次为斯洛伐克、泰国、俄罗斯、波兰、塞浦路斯、乌克兰、罗马尼亚、突尼斯。该指标指数排名靠后的主要是发达国家，2012 年美国排在第 27 名，德国排在第 37 名，英国排在第 42 名，法国排在第 49 名，日本排在第 51 名。一些发达国家下降幅度较大，其中，日本下降了 41 名，德国下降了 26 名，荷兰下降了 19 名，葡萄牙下降了 16 名，西班牙下降了 14 名。发达国家劳动年龄人口占比指数排名下降的重要原因之一是人口老龄化，如日本，少子化和老龄化是其劳动年龄人口占比迅速下降的主要原因。

（三）指标 3：人口年龄中位数

1. 指标解释

人口年龄中位数是将全体人口按照年龄大小顺序排列，居于中间位置的那个年龄。人口年龄按自然顺序排列是一个连续的变量数列，人口年龄中位数就是这个连续变量数列的中间值。人口年龄中位数将总人口分成两半，一半在年龄中位数以上，一半在年龄中位数以下。人口年龄中位数可以反映人口年龄的集中趋势和分布特征，是考察人口年龄构成类型的重要指标之一。

人口年龄中位数的计算公式：

人口年龄中位数 = 中位数组的年龄下限值 + 〔（人口总数 ÷ 2 − 中位数组之前各组
人口累计数）÷ 中位数组的人口数〕× 组距

国际上常用人口年龄中位数指标作为划分人口年龄构成类型的标准。①人口年龄中位数在 20 岁以下为年轻型人口；②人口年龄中位数在 20 ~ 30 岁之间为成年型人口；③人口年龄中位数在 30 岁以上为老年型人口。人口年龄中位数越高，意味着国民平均年龄越高，国家人口年龄结构老龄化越严重。

2. 数据分析

相关数据显示，人口年龄中位数指数排名靠前的都是发展中国家，2012 年该指标指数排名靠前的国家主要有突尼斯、哥斯达黎加、马来西亚、巴西、哈萨克斯坦、土耳其、哥伦比亚、印度尼西亚、印度、南非、墨西哥和埃及等，其中既有人口规模较小的国家，也有人口较多的国家。而排名垫底的主要是发达国家，除美国排在第 24 名外，人口老龄化严重的意大利、德国和日本分别排在第 50、51 和 52 名。

研究表明，中国是人口年龄中位数上升速度最快的国家之一。从 1980 年至 2015 年，中国人口年龄中位数从 22.0 岁上升到 37.0 岁，上升了 15.0 岁，同期的美国、欧洲、日本和印度分别上升了 7.6 岁、9.0 岁、13.8 岁、6.5 岁。[①]

---

① 2020 年中国人口出生率下降、人口老龄化加速、出生人口性别严重失衡及中国面临未富先老的局面分析预测 ［R/OL］. （2019 − 03 − 08）. https://www.chyxx.com/industry/201903/719723.html.

二、人力资源开发质量相关指标

人力资源开发质量是人力资源竞争力的核心要素。本指标体系选定了人均预期寿命、人均受教育年限（25 岁及以上）、科学家与工程师人数和每十万人口科学家与工程师人数，从健康、教育、创新人才和创新能力等方面，衡量人力资源开发质量。

（一）指标 4：人均预期寿命

1. 指标解释

人均预期寿命是指假设当前的分年龄死亡率保持不变，同一时期出生的人预期能继续生存的平均年数。人均预期寿命表明了新出生人口平均预期可存活的年数，是衡量人口健康状况的一个重要指标。

在我国，平均预期寿命可以利用 10 年一次的人口普查和 5 年一次的 1% 人口抽样调查获得的死亡数来计算。其余年份的数据根据联合国推荐的平均预期寿命并在各阶段提高幅度，参考年度 1‰ 人口变动情况抽样调查数据进行推算，以此对指标情况进行监测和评价。[1] 报告中外国的平均预期寿命是从世界卫生组织公布的《世界卫生统计》数据中获得的。

2. 数据分析

数据显示，中国人均预期寿命稳步增长。2000 年，中国人均预期寿命为 72.14 年，2012 年这一指标上升至 75.20 年，12 年间提升了 3.06 年。这表明，随着我国社会经济的发展及人民生活质量的提升，人口健康水平有所提高（参见图 4-1）。但从出生健康预期寿命来看，中国 2007 年的出生健康预期寿命为 66 年，这与发达国家相比仍然较低。

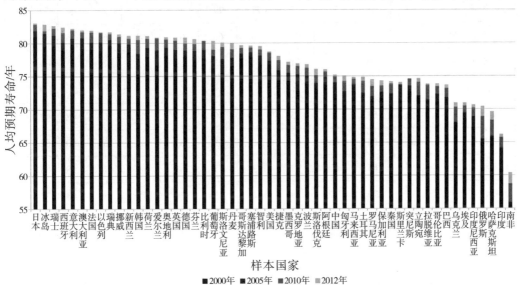

图 4-1 样本国家人均预期寿命增长变化

① 资料来源：国家统计局人口统计资料。

从 2000 年到 2012 年，中国人均预期寿命虽然提高了 3.06 年，但指数排名仅上升了两名，从第 35 名上升到第 33 名。虽然中国的人均预期寿命高于全球平均水平——《世界卫生统计》收录的 193 个世界卫生组织会员国人均预期寿命的平均值为 68 年，但与发达国家比仍有较大差距。我国 2012 年的出生预期寿命为 75.2 年，仅相当于高收入国家 1990 年的水平。在出生健康预期寿命上，我国也低于高收入国家（70 年），相差为 4 年（参见表 4-1）。

表 4-1 世界卫生组织会员国出生预期寿命和出生健康预期寿命

会员国	出生预期寿命/年									出生健康预期寿命/年		
	男			女			男女			男	女	男女
	1990 年	2000 年	2008 年	1990 年	2000 年	2008 年	1990 年	2000 年	2008 年	2007 年		
数值的范围												
最小值	28	27	49	41	44	42	36	41	42	34	36	35
最大值	64	67	68	70	43	74	67	70	71	60	64	62
中间值	76	78	81	82	85	86	79	81	83	74	78	76
世界卫生组织区域												
非洲区域	47	47	52	53	52	54	51	50	53	45	46	45
美洲区域	68	71	73	75	77	79	71	74	76	65	69	67
东南亚区域	58	61	63	59	63	66	58	62	65	56	57	57
欧洲区域	68	68	71	75	77	79	72	72	75	64	70	67
东地中海区域	59	62	63	62	65	66	61	63	65	55	57	56
西太平洋区域	68	70	72	71	74	77	69	72	75	65	69	67
收入群组												
低收入	52	53	56	55	56	59	54	55	57	48	49	49
中低收入	61	63	65	63	66	69	62	65	67	60	62	61
中上收入	65	65	67	72	73	75	68	69	71	58	63	61
高收入	72	75	77	79	81	83	76	78	80	68	72	70
全球	62	64	66	66	68	70	64	66	68	58	61	59

数据来源：《2010 年世界卫生统计》，第 56 页。

在人均预期寿命指标上，发达国家总体表现较好，特别是日本一直遥遥领先。从 2000 年到 2012 年，日本的人均预期寿命从 81.1 年提升到的 83.1 年，比中国 2012 年的人均预期寿命多 7.9 年。2012 年，冰岛、瑞士、西班牙、意大利和澳大利亚的人均预期寿命都超过了 82 年，12 年间的增长幅度都超过了 3 年，高收入国家保持了较大的增幅。法国、英国和美国的人均预期寿命分别为 82.9 年、80.9 年和 78.7 年。

（二）指标 5：人均受教育年限（25 岁及以上）

1. 指标解释

人均受教育年限是指一定年龄段人口接受教育的平均年限，可以反映出一个国家的人口接受正规教育的平均程度。本研究中的人均受教育年限指标因考虑国际数据可比性，采用了 25 岁及以上年龄人口的平均受教育年限。在我国，人均受教育年限的统计口径未包括各种成人学历教育和各种非学历培训。①

2. 数据分析

中国人均受教育年限呈现稳步增长态势。从 2000 年到 2012 年，中国人均受教育年限从 7.97 年上升至 8.80 年，12 年间提升了 0.83 年（参见下页图 4 - 2）。中国人均受教育年限的稳步增长得益于近年来义务教育的全面普及、学前教育和高中阶段教育的逐步普及以及高等教育大众化发展。随着各级教育入学率的提高和辍学率的下降，中国人口中完成各种教育的人口有所增加，这促进了人均受教育年限的增加。但是，中国人均受教育年限指数排名并没有显著变化。2005 年至 2012 年，中国人均受教育年限指数排名一直排在第 41 名。由于人口众多和各级教育入学率相对较低等因素影响，我国在人均受教育年限上同发达国家存在较大差距。这是制约中国人力资源竞争力提升的重要因素之一。尽管近年来中国的人均受教育年限有一定程度的提高，但与一些发达国家相比，中国教育的普及率仍有待提高，特别是义务教育前后的学段——学前教育和高中阶段教育仍是教育普及中的短板。

2012 年中国 8.8 年的人均受教育年限还达不到初中三年级程度，与美国 2000 年的人均受教育年限（12.7 年）的差距是 3.9 年。即便与后发型国家、新兴经济体韩国 11.8 年的人均受教育年限相比，中国也少了 3.0 年。

在人均受教育年限上存在 3.0～3.9 年的差距，意味着我国国民素质与发达国家相比还有较大差距，这种差距从人均受教育年限来看，主要是由于我国接受过高等教育的人口比例过低，初中及以下的低学历人口比例过大。

从样本国家人均受教育年限指数排名中可以发现以下趋势：

（1）欧美发达国家和少数东欧国家在人均受教育年限指标中居领先地位。在 52 个样本国家里，美国的人均受教育年限遥遥领先，居于首位，且从 2010 年以来一直保持在 12.9 年的高水平上。2012 年，德国、澳大利亚、挪威、新西兰、以色列、立陶宛、英国、捷克、瑞士和丹麦的人均受教育年限均达到了 12 年以上，而且自 2000 年以来 12 年间增幅较大。其中增幅最大的几个国家，依次为德国（2.4 年）、丹麦（1.6 年）、立陶宛（1.5 年）、捷克（1.2 年）、挪威（1.2 年）、澳大利亚（0.9 年），都超过了我

---

① 国家统计局官网、联合国教科文组织统计所的《2012 年全球教育摘要》。

国同期 0.83 年的增幅。而且这些国家是在原有较高水平上的高增幅，相对于我国较低水平基础上的增长，其难度更大。

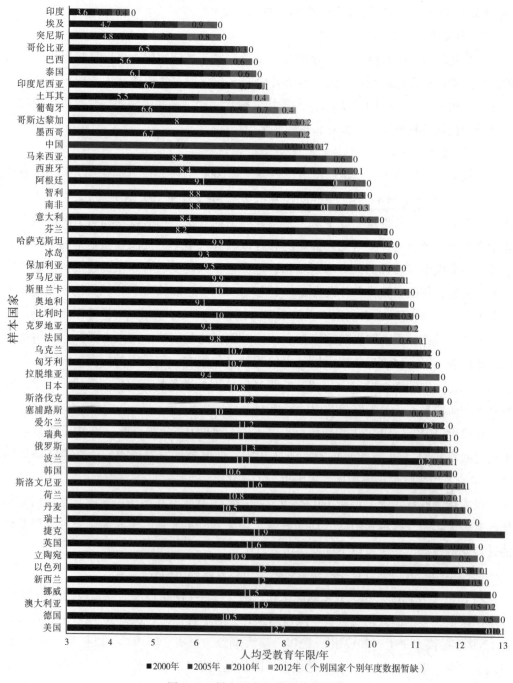

图 4-2　样本国家人均受教育年限

（2）人均受教育年限指数与人口中在校大学生数呈现显著的正相关。本书对 52 个样本国家中每十万人口中在校大学生数与其人均受教育年限进行了相关性分析，发现两者呈现出显著的正相关，相关系数为 0.446，达到 0.001 的显著性水平（参见下页图4-3）。

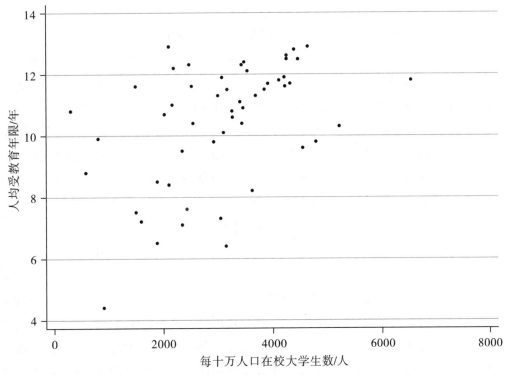

图 4 - 3 样本国家每十万人口在校大学生数（2000 年）与人均受教育年限（2012 年）

（3）多数样本国家的人均受教育年限都不同程度增长，但也有少数国家个别年度数据出现了下滑。比如，挪威从 2005 年到 2010 年下降了 0.1 年，捷克从 2005 年到 2010 年下降了 0.8 年，斯洛文尼亚从 2000 年到 2005 年下降了 0.2 年，哥斯达黎加从 2000 年到 2005 年下降了 0.1 年。一般来说，人均受教育年限的变化多源于一个国家教育政策的长期影响，受某个年度国家发生突发事件、疾病等因素的影响相对较小，有些突然的变化也可能是由于各国在教育、人口统计标准及口径等发生变化。

（三）指标 6：科学家与工程师人数

1. 指标解释

科学家与工程师人数是指参与研究和试验发展项目研究、管理及辅助工作的人员，包括项目（课题）组人员、科技企业行政管理人员和为项目（课题）活动提供服务的辅助人员等。这个指标可以反映投入科学研究开发活动的人力规模。该指标按人员全时当量统计，即将全时人员数和非全时人员工作量折算为全时人员数的综合统计。例如，有两个全时人员和三个非全时人员（工作时间分别为 20%、30% 和 70%），则人员全时当量为 2 + 0.2 + 0.3 + 0.7 = 3.2 人年。科学家与工程师人数是国际为比较科技人力投入而制定的可比指标。[1]

---

① 据中华人民共和国国家统计局编的《2014 中国统计年鉴》，科技活动人员指标自 2009 年起废止。科学家和工程师人员指标自 2009 年起废止。

2. 数据分析

本课题组对 52 个样本国家数据的分析表明，按全时当量统计，2000 年，中国科技研发人员全时当量为 92.2 万人年，在样本国家中排在第 2 名，从 2005 年起中国排名上升至首位，2012 年这一指标上升至 324.7 万人年，12 年间提升了 232.5 万人年，无论是增量还是保有量都居首位。这表明中国科技人力资源总量呈持续增长趋势。

中国科技人力资源总量稳定增长且在国际上持续保持优势，已成为科技人力资源第一大国。2013 年中国科技人力资源总量达到 7105 万人，比 2012 年增长 5.4%。其中，大学本科及以上学历的科技人力资源总量为 2943 万人，比 2012 年增长 7.2%。中国大学本科及以上学历科技人力资源总量和美国科学家与工程师的数量相当。发达国家中美国科技研发人员队伍规模最大。根据美国《科学与工程指标 2014》，2010 年美国科学家与工程师总量为 2190 万人，短期内总量很难超过中国。[①] 2011 年美国科技研发人员全时当量为 125.3 万人年。[②]

目前，无论是按科技研发人员绝对数还是按全时当量计算，中国都已经是全球投入科技研发活动的人力规模最大的国家。从科技研发人员绝对数来看，2013 年中国科技研发人员总量为 501.8 万人，比 2012 年增长 8.7%；其中，博士 28.7 万人，硕士 66.1 万人，本科毕业生 138.8 万人，分别占科技研发人员总量的 5.7%、13.2% 和 27.7%。科技研发人员总量中从事科研的人员数为 207 万人，约占科技研发人员总量的 41.3%。如果按全时当量统计，2013 年中国科技研发人员全时当量为 353.3 万人年，比 2012 年增加 28.6 万人年，增幅为 8.8%。其中研究人员全时当量为 148.4 万人年，比 2012 年增加 8.0 万人年，增幅为 5.7%（参见图 4-4）。2013 年每万名就业人员的

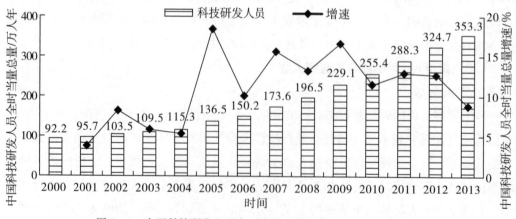

图 4-4　中国科技研发人员全时当量变化趋势（2000—2013 年）

---

① 科学技术部创新发展司. 科技统计报告：第 15 期 [R/OL]. (2019-01-18). http://sts.org.cn/Resource/editor/attached/file/20190118/6368338205511621096734518.pdf.

② 根据 2015 年 1 月经济合作与发展组织发布的 *Main Science and Technology Indicators*，美国科技研发人员全时当量年度数据被全部向下调整，2007 年的数据由 141.3 万人年下调到 113.4 万人年，2011 年为 125.3 万人年。

科技研发人力投入达 45.9 人年/万人，与科技发达国家的差距进一步缩小，提前两年达到并超过"十二五"规划目标（43 人年/万人）。[①]

2013 年中国科技研发人员在政府研究机构中从事科技研发活动的人员为 38.8 万人，比上年增长 7.2%，投入的科技研发人员全时当量为 34.4 万人年，比上年增长 8.9%；高等学校的科技研发人员全时当量为 31.4 万人年，比上年增长 5%，占全国总量的 8.9%。自 2000 年以来，高等学校的科技研发人员数量虽然逐年增长，但其占全国总量的比重呈现逐年下降趋势。[②] 这表明高校之外的机构特别是企业的科技研发人员占比在增大。

根据有关机构分析，中国未来将继续保持在科技研发人员总量上的优势。根据对 41 个主要国家和地区的统计（其科技投入合计占全球的 99% 以上），中国科技研发人员全时当量占全球总量的比重从 2009 年的 18.4% 上升到 2013 年的 21.3%，美国的比重则从 2009 年的 20% 下降到 2013 年的 18% 左右。[③] 由于中国科技研发人员增量维持着高增长的态势，中国科技研发人员总量在未来一定时期内将继续保持第一。

从 52 个样本国家的科技研发人员总量排名情况来看，自 2005 年后，美国、日本、俄罗斯、德国 4 个国家一直处在中国之后的前 5 名，且名次没有发生变化。但前 5 名之后的排名却有值得注意的变化。韩国呈快速上升的态势，从 2005 年的第 8 名上升到 2010 年的第 6 名，2012 年继续保持在第 6 名的高水平。韩国之后是英国、法国、印度和巴西。总体来看，科技研发人员总量排名靠前的国家主要是欧美发达国家、金砖国家。从 12 年间增长情况来看，除俄罗斯外，前 10 位国家也体现出高存量水平上的高增量。其他国家不仅在总量上落后，在增量上超过前 10 名国家的难度也很大。

虽然 12 年间 52 个样本国家的科技研发人员全时当量总体上呈增长趋势，但也有少数国家在个别年度出现了下滑。比如，俄罗斯下降了 6.313 万人年，印度尼西亚下降了 2.363 万人年。这种科技研发人员全时当量的下滑，短期来看有可能是受经济结构、产业结构和教育结构调整的影响，长期来看可能是受社会经济发展、人口流动、研发投入等科技研发人员生存发展的环境因素的影响。

（四）指标 7：每十万人口科学家与工程师人数

1. 指标解释

每十万人口科学家与工程师人数，指按常住全部人口平均计算的科技研发人员全时当量，用以反映一个国家从事科学与技术开发的高素质劳动者的相对数量。科学家

[①]　科学技术部创新发展司. 科技统计报告：第 15 期［R/OL］.（2019 - 01 - 18）. http://sts. org. cn/Resource/editor/attached/file/20190118/636833820551162109673 4518. pdf.

[②]　科学技术部创新发展司. 科技统计报告：第 15 期［R/OL］.（2019 - 01 - 18）. http://sts. org. cn/Resource/editor/attached/file/20190118/636833820551162109673 4518. pdf.

[③]　科学技术部创新发展司. 科技统计报告：第 15 期［R/OL］.（2019 - 01 - 18）. http://sts. org. cn/Resource/editor/attached/file/20190118/636833820551162109673 4518. pdf.

和工程师包括企业、科研机构、高等学校的科技研发人员，是全社会各种创新主体投入的科技人力资源的总和。科技研发人员全时当量是指按工作量折合计算的科学家与工程师；每万名就业人员的科技人员反映了全部人口中科技研发人员的相对数量。这两个指标分别反映了按人口平均的科技创新人力资源强度和投入规模。

2. 数据分析

中国科技研发人员的相对数量与发达国家差距较大，但呈逐年缩小趋势。中国每十万人口科技研发人员数从 2000 年的 54.2 人上升到 2012 年的 101.9 人，呈现出快速增长态势，尤其在 2010 年后增长速度加快（参见图 4-5）。但是，2012 年中国每十万

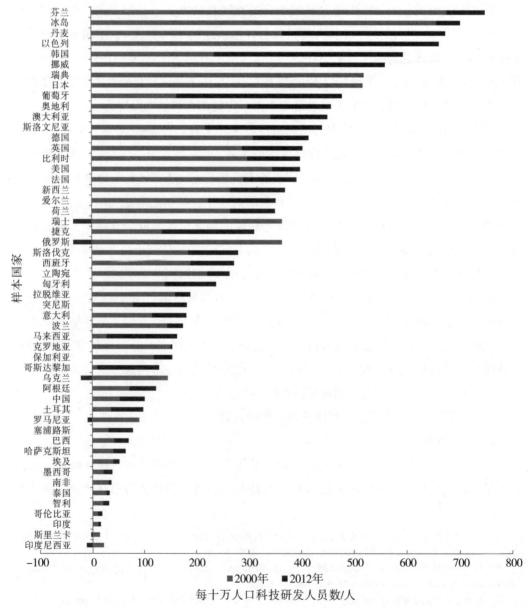

图 4-5 2000 年与 2012 年样本国家每十万人口科技研发人员数

人口科技研发人员全时当量排在世界第 38 名，与 2000 年的第 37 名相比下降了 1 名。据有关部门的分析，2013 年，我国每万名就业人员中的科技人员全时当量从 2010 年的 32.6 人年/万人上升到的 45.9 人年/万人。但每万名就业人员的科技研发人员全时当量增长相对缓慢，从 2010 年的 15.4 人年/万人上升到 2013 年的 19.3 人年/万人。因此，与发达国家相比，我国每十万人口中的科技研发人员在国际上仍处于落后水平。

从 52 个样本国家分布来看，每十万人口科技研发人员数占据前 10 名的国家分别是芬兰、冰岛、丹麦、以色列、韩国、挪威、瑞典、日本、葡萄牙和奥地利。北欧国家名列前茅，以色列、韩国、日本等国家的排名远高于中国。经济合作与发展组织（OECD）对 2013 年世界主要国家科技人员的情况分析也表明：虽然中国在科技人员和科技研发人员全时当量排名都第一，但是每万名就业人员的科技人员全时当量中国排倒数第 5 名，仅高于土耳其、阿根廷、南非和墨西哥等发展中国家，芬兰、德国、韩国和法国是中国的 3 倍以上；每万名就业人员的科技研发人员全时当量中国排倒数第 3 名，仅为发达国家的 $\frac{1}{4}$ 左右（参见表 4 - 2)[①]

表 4 - 2　世界主要国家科技人员状况

国家	年份	科技人员全时当量/万人年	每万名就业人员的科技人员全时当量/（人年/万人）	年份	科技研发人员全时当量/万人年	每万名就业人员的科技研发人员全时当量/（人年/万人）
中国	2013	353.3	45.9	2013	148.4	19.3
芬兰	2012	5.4	213.0	2012	4.0	159.5
韩国	2012	39.6	160.4	2013	32.2	128.4
日本	2013	86.6	133.5	2013	66.0	101.9
法国	2012	40.2	148.7	2012	24.9	92.1
美国	—	—	—	2011	125.3	88.1
加拿大	2012	22.4	125.4	2012	15.7	87.7
英国	2013	36.2	120.9	2013	25.9	86.6
德国	2013	59.1	140.7	2013	35.2	83.8
希腊	2013	4.2	108.5	2013	2.8	71.4
俄罗斯	2013	82.7	115.8	2013	44.1	61.7
匈牙利	2013	3.8	93.3	2013	2.5	61.2
意大利	2013	25.3	104.0	2013	11.8	48.5
土耳其	2013	11.3	44.3	2012	8.9	34.9
阿根廷	2012	7.2	41.1	2012	5.2	29.5
南非	2012	3.5	24.3	2012	2.1	14.8
墨西哥	2007	7.0	16.5	2011	4.6	9.8

数据来源：经济合作与发展组织发布的 *Main Science and Technology Indicators*。

[①] 科学技术部创新发展司. 科技统计报告：第 15 期［R/OL］. (2019 - 01 - 18). http://sts. org. cn/Resource/editor/attached/file/20190118/63683382055116210967345 18. pdf.

2012 年中国每十万人口科技研发人员数均低于前 28 名国家 2000 年的水平。以 2000 年至 2012 年的增速来看，中国在这项指标上短期内很难赶上发达国家。

在按人口平均的科技研发人力投入上，芬兰和冰岛一直居于 52 个样本国家的前两位。从增幅来看，12 年间增幅最大的前 11 名国家是哥斯达黎加、葡萄牙、韩国、马来西亚、斯洛文尼亚、捷克、突尼斯、丹麦、奥地利、匈牙利和意大利，且这些国家的增加值高于中国的增长值两倍以上。无论是从人均存量还是从增量来看，一些新兴经济体或发展中国家在加大研发人力投入力度方面已对中国构成了压力。

值得注意的是，从 2000 年到 2012 年 52 个样本国家中大部分国家的每十万人口科技研发人员全时当量都有所增长，但也有部分国家在有些年度出现了下滑。比如，斯里兰卡下降了 3.15 人年/十万人，罗马尼亚下降了 8.64 人年/十万人，印度尼西亚下降了 11.50 人年/十万人，乌克兰下降了 21.40 人年/十万人，俄罗斯下降了 35.40 人年/十万人，瑞士下降了 35.70 人年/十万人。这表明，如果不持续加大科技人力资源投入，科技人力资源在国际社会的竞争力就可能下降。

三、人力资源开发能力相关指标

本一级指标主要反映一个国家教育和健康在人力资源开发方面的保障能力与作用。教育是人力资源开发的根本途径，健康是人力资源开发的重要保障。本一级指标包含了教育综合培养能力、高层次人才培养能力、教育保障能力和健康保障能力 4 个二级指标和人均预期受教育年限、每十万人口在校大学生数、在校大学生数、公共教育经费占 GDP 比例、人均公共教育经费、公共卫生支出占 GDP 比例、人均公共卫生支出 7 个三级指标。

（一）指标 8：人均预期受教育年限

1. 指标解释

人均预期受教育年限[①]指达到入学年龄的个体（通常指 5 岁儿童）预期的一生能获得的教育平均年数，它由 5 岁以上每个年龄的毛入学率累加而得出。该项指标能反映一个国家教育体系发展的总体水平，即国家教育体系能够为国民提供平均多少年的学校教育。人均预期受教育年限指标的缺陷在于它没有考虑复读和留级的影响。

由于不同国家学制上的不同，各国各教育阶段理论上的学习年限存在差异。比如，在中国完成初等和中等教育需要 12 年（6 年小学、3 年初中、3 年高中），而在澳大利亚和新西兰完成初等和中等教育一般需要 13 年（澳大利亚初等教育 7 年、中等教育 6 年，新西兰初等教育 6 年、中等教育 7 年），北欧的冰岛则需要 14 年（初等教育 7 年、中等教育 7 年）。

另外，继续教育和培训统计的完善程度会影响人均预期受教育年限的估算。按照人均预期受教育年限的定义，国家为成人提供继续教育和培训是计入的。成人教育参

---

① 对该指标的说明主要参考了联合国教科文组织的指标解释。

与率越高，估算的人均预期受教育年限就越长。但如果缺乏成人学生入学情况的全面统计，人均预期受教育年限就不能反映国家教育体系的总体情况。

2. 数据分析

数据分析显示，中国人均预期受教育年限呈稳步增长趋势。2000年，中国人均预期受教育年限为9.30年，2012年提高到13.07年，2013年进一步上升至13.20年，提高了近4年。中国人均预期受教育年限稳步增长，是与改革开放以来大力发展教育，各级各类教育的普及程度大大提高分不开的。从各级教育人均预期受教育年限增加情况来看，初等至中等教育人均预期受教育年限有了较快提高，从2001年的8.72年提高到2013年的11.73年。在高等教育领域，自20世纪末高校扩招以来，高等学校在校生人数有了显著增长，高等教育阶段人均预期受教育年限从2001年的0.49年提高到2013年的1.47年。

但也要看到，中国人均预期受教育年限的排名没有显著提升。2000年，中国人均预期受教育年限在52个样本国家中排在第51名，2012年也仅上升到第49名，上升了2名。这表明，在知识经济、信息社会背景下，发达国家及一些发展中国家也十分重视提高教育的入学率和完成率，使各自国家的人均预期受教育年限持续提升。

在人均预期受教育年限这一指标上，中国2012年仅达到发达国家20世纪八九十年代的水平。1980年，美国人均预期受教育年限已达14.1年，同期其他发达国家这一指标值也都超过12年，如新西兰13.5年，丹麦13.4年，芬兰13.3年，日本13.2年，英国12.9年，瑞典12.8年，冰岛12.6年，瑞士12.4年，法国12.4年。

可见，中国在人均预期受教育年限上落后发达国家30年左右。与一些发展中国家相比，中国在这一指标上也缺乏竞争力。根据2012年数据，人均预期受教育年限指标排名第30的智利，指标值为15.24年；排名第40的罗马尼亚，指标值为14.2年；排名第45的埃及，指标值为13.5年。即便按照《国家中长期教育改革和发展规划纲要（2010—2020年）》所提出的"九年义务教育巩固率95%，高中阶段毛入学率90%，高等教育毛入学率40%，新增劳动力平均受教育年限13.5年"战略目标，2020年我国也难以在人均预期受教育年限指标的排名上取得重大突破。

人均预期受教育年限排名领先的国家是澳大利亚和新西兰。2012年，澳大利亚人均预期受教育年限为20.2年，在该项指标上排名第1。其初等教育人均预期受教育年限为7.34年，中等教育为7.79年，中等教育后的非大学教育为0.88年，大学及以上阶段为4.21年。在澳大利亚完成初等教育通常需要7年，包括1年的学前教育。完成初等和中等教育通常需要13年。另外澳大利亚职业教育和继续教育体系很发达，这都有利于整体提高人均预期受教育年限。据2014年统计，澳大利亚24~44岁人口参加职业教育和培训的比例为22.3%，45~64岁的比例为13.3%。新西兰在人均预期受教育年限上表现也很突出，2012年达到19.2年，在样本国家中排名第2。另外，北欧的冰岛、丹麦、挪威的人均预期受教育年限也很长。2012年，冰岛人均预期受教育年限为19.0年，排名第3；丹麦18.7年，排名第4；挪威17.5年，排名第8。

从该项指标同人力资源竞争力指数指标的关系来看，2012 年人力资源竞争力指数指标排在前 5 名的美国、英国、澳大利亚、韩国、日本等发达国家的人均预期受教育年限都比较高。除日本外，其他 4 个国家在人均预期受教育年限指标上的排名处于第 10～20。人力资源竞争力指数排名稳居第 1 的美国，2000 年人均预期受教育年限为 15.3 年，排在第 18 名，2012 年指标值上升至 16.4 年，排在第 14 名。德国 2000 年人均预期受教育年限为 15.8 年，排在第 14 名，2012 年指标值上升至 16.5 年，排在第 13 名。英国人均预期受教育年限在 2000—2012 年上升幅度并不大，2000 年为 16.1 年，2010 年上升到 16.8 年，2012 年又下降至 16.2 年，这导致英国在该指标上的排名从 2000 年的第 11 下降至 2012 年的第 19。韩国人均预期受教育年限维持了一定的增长速度，自 2000 年以来该指标值保持在第 10～12 名。日本在这一指标上处于样本国家中的中等水平，2000 年人均预期受教育年限为 14.6 年，2012 年上升至 15.3 年，12 年间一直保持在第 25～30 名之间（参见图 4 - 6）。

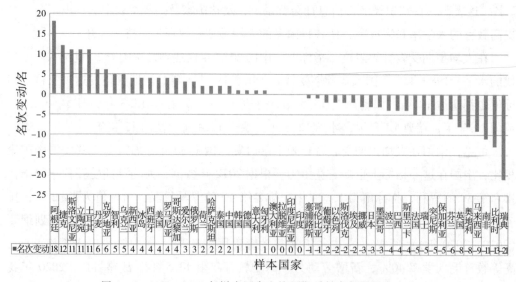

图 4 - 6 2000—2012 年样本国家人均预期受教育年限排名变化

人均预期受教育年限提升速度比较快的国家有阿根廷、捷克、斯洛文尼亚、立陶宛、土耳其等。2000 年至 2012 年，阿根廷的人均预期受教育年限快速提高，从原来的 14.7 年提升至 17.95 年，其排名从第 24 升至第 6。同期，捷克人均预期受教育年限从 13.9 年上升至 16.3 年。斯洛文尼亚则从 14.7 年上升到 16.8 年，2012 年已经超过了德国和美国。

当然，并不是所有发达国家的人均预期受教育年限都有提升，也有少数国家出现下滑。比如，瑞典人均预期受教育年限从 2000 年的 18.9 年下降至 2012 年的 15.8 年，有较大幅度下滑，排名从第 2 下降至第 23。同期，比利时人均预期受教育年限从 18.2 年下降至 16.3 年，排名从第 3 下降至第 16。同期，芬兰人均预期受教育年限从 17.7 年下降至 17.1 年，排名从第 4 下降至第 10。

（二）指标9：每十万人口在校大学生数

1. 指标解释

每十万人口在校大学生数是反映一个国家当前高层次人才培养能力的指标。该项指标是用联合国教科文组织教育标准分类中第三级教育的在校生数除以本国居民数（单位：人/十万）。

2. 数据分析

2000 年，中国每十万人口在校大学生数为 575.13 人，2012 年该数值增长至 2366.23 人，是 2000 年的 4 倍多，这表明中国高层次人才培养能力有了显著提高。其重要原因是，自 20 世纪末以来，中国高等教育经历了大幅度的规模扩张。2012 年，高等教育本专科招生数（含普通高校和成人高校）从 2000 年的 376.8 万人提高到 932.8 万人，高等教育本专科在校生人数从 909.7 万人增加到 2974.4 万人，高等教育毛入学率从 12.5% 提高到 30%。

但是，由于人口基数大，在以每十万人口在校大学生数计算的高层次人才培养能力方面，中国与发达国家仍有较大距离。2000 年，中国这一指标在 52 个样本国家中仅排在第 51 名，至 2012 年排名仅上升 2 位，排在第 49 名。而排在第 1 名的韩国，其 2012 年每十万人口在校大学生数已经高达 6887 人。即便按照《国家中长期教育改革和发展规划纲要（2010—2020 年）》设定的"到 2020 年高等教育在学总规模达到 3550 万人"的目标，按 2014 年人口 13.67 亿算，2020 年每十万人口在校大学生数也至多达到 2597 人。相比于发达国家，中国的差距明显，且很难在短期内实现超越。比如，该指标在 2012 年该指标排在第 41 名的瑞士，每十万人口在校大学生数就已经达到 3370 人，而排在第 30 名的罗马尼亚为 3998 人。

韩国、阿根廷、美国自 21 世纪以来，其每十万人口在校大学生数一直名列前茅。韩国自 2000 年以来该指标一直保持在第 1 名的位置。2000 年，韩国每十万人口在校大学生数为 6532 人，2012 年上升至 6887 人。阿根廷 2000 年这一指标为 4788 人，排名第 3，2012 年上升至 6636 人，排名第 2。美国 2000 年这一指标为 4639 人，排名第 4，2012 年上升至 6612 人，排名第 3。

人力资源竞争力指数排名领先的国家在每十万人口在校大学生数这个指标上的表现不一。例如，2012 年人力资源竞争力指数排在前 5 名的国家中，美国、韩国和澳大利亚在这个指标上处于领先地位。但英国和日本 2012 年在该项指标上的排名分别为第 31、第 45。2000 年，英国每十万人口在校大学生数为 3434 人，2012 年上升到 3975 人，提高了 16%，但是排名从第 22 下降至第 31。同期，日本的指数排名经历了更大幅度的下滑，从第 26 下降至第 45，日本每十万人口在校大学生数则从 2000 年的 3168 人下降至 2012 年的 3053 人。这种下降与日本大学学龄人口减少，大学经费削减，大学招生能力下降等有关。2000 年，日本 15～24 岁人口为 1587.6 万人，2012 年下降至

1249.4 万人，不到 2000 年的 80%[①]。

值得注意的是，在该项指标上提升速度较快的国家主要是一些发展中国家。智利 2000 年每十万人口在校大学生数为 2926 人，2012 年上升至 6406 人，人数增加了一倍多，排名也从第 32 升至第 4。同期，土耳其在该项指标上也取得了飞速的发展，排名从第 36 上升至第 6。而下降幅度比较显著的主要是葡萄牙、西班牙、法国、意大利、埃及和日本等国家。这些国家每十万人口在校大学生数在过去十几年中几乎没有增长，有些甚至还出现下降。

（三）指标 10：在校大学生数

1. 指标解释

在校大学生（包含本专科生和研究生）数是指一个国家某年度高等教育学生在校人数的总和。与前面"每十万人口在校大学生数"指标相比，在校大学生数反映的是一个国家高等教育的绝对规模，可以反映未来高层次人才的储备状况。这一指标是根据联合国教科文组织判定的《国际教育标准分类法》中提出的高等教育分类法进行统计的，高等教育分 5、6、7、8 级，分别对应短期高等教育（至少 2 年）、学士或同等水平（3~4 年）、硕士或同等水平（长于 4 年），博士或同等水平（至少 5 年）。按照中国的统计口径，在校大学生数包括普通高等学校、成人高等学校和大学网络学院的在学人数。

2. 数据分析

统计数据显示，2000—2012 年，中国是在校大学生数增长最快的国家。2000 年中国在校大学生数为 736.4 万人，在 52 个样本国家中低于美国和印度，排在第 3 名。21 世纪以来，中国高等教育持续扩大招生，2012 年，中国在校大学生数迅速提升至 3258.6 万人，超过了印度的 2856.8 万人和美国的 2099.4 万人，跃居世界首位。[②] 中国在校大学生数迅速成为世界第一，除政府高校扩招政策的实施、高等教育毛入学率持续提升外，同我国庞大的学龄人口规模和社会上强烈的高等教育需求也是分不开的。

在校大学生数作为绝对数量性指标，主要取决于一个国家高等教育毛入学率和高等教育学龄人口规模。在高等教育毛入学率一定的情况下，高等教育学龄人口规模越大，在校大学生数越多；在高等教育学龄人口规模一定的情况下，高等教育毛入学率越高，在校大学生数越多。目前，除中国、印度、美国外，在校大学生数排在前 5 名的还有两个人口大国：俄罗斯和巴西。2012 年，俄罗斯在校大学生数为 798.3 万人，位列第 4；巴西在校大学生数为 724.1 万人，位列第 5。

印度同中国的情况类似，在校大学生数持续增加。印度自 20 世纪末开启了高等教

---

① 韩国也经历了年轻人口的下降，2000 年韩国 15~24 岁人口为 754.1 万人，2012 年下降至 669.7 万人，约为 2000 年的 89%。但美国、澳大利亚、英国的年轻人口呈增长态势。

② 此处的数据是依据联合国教科文组织的"enrollment in tertiary education：all programs"。根据教育部对我国高等教育规模的统计，2012 年在校大学生数为 37168208 人，高于联合国教科文组织的统计。

育大众化进程后，其高等教育毛入学率迅速提高，规模亦随之扩大。1995年印度在校大学生数为493.3万人，远低于美国的1427万人。在其第九个和第十个"五年规划"中，印度政府提出扩大高等教育规模，将高等教育毛入学率从6%提高到10%。2000年，印度在校大学生数达到940.4万人，几乎是1995年的两倍。2007年印度在第十一个"五年规划"（2007—2012年）中将高等教育的发展目标进一步提高至"高等教育毛入学率达到15%、在校生人数达到2100万人"①。在此后的国家中长期发展规划中，印度政府进一步提出了2020年之前实现高等教育毛入学率达到50%的宏伟目标。② 在扩大规模政策的积极干预下，印度的高等教育规模得到了快速扩大，2012年在校大学生数增加到2856.8万人，总规模排在中国之后，位列第2。印度提出的2020年前高等教育毛入学率达到50%的目标，超越了中国《国家中长期教育改革和发展规划纲要（2010—2020年）》中提出的毛入学率达到40%的目标。由于印度的学龄人口规模比中国还大，这为其高等教育规模的持续扩大创造了重要条件。进入21世纪以来，中国0~14岁人口规模呈下降趋势，2012年已降至2.48亿人，而印度0~14岁人口有3.64亿人。虽然在高等教育毛入学率上，印度同中国还有较大差距，但凭借更大的学龄人口规模和高等教育毛入学率的继续提升，印度在这一指标上超越中国是有可能的。

美国作为传统的高等教育强国，凭借其大众化的高等教育体系和高毛入学率的支撑，其在校大学生数长期位居前列。早在1980年，美国在校大学生数就达1157万人，是当年中国在校大学生数的10倍多。此后30多年中，美国在校大学生数年均增长39.4万人，2007—2009年度分别比前一年提高了48.9万人、85.5万人和132.5万人，而2011年和2012年这一指标出现了下降。从其在该指标的排名情况来看，自2005年起，美国从该项指标第1名的位置上跌落，先后被中国和印度超越，2012年已下降至第3名。

从52个样本国家在校大学生数量及其排名情况来看，世界高等教育的格局正在发生变化。上升速度最快的是土耳其，从2000年的第20名上升到2012年的第7名，上升幅度达13名；名次上升幅度较大的国家还有3个：阿根廷、捷克和哥斯达黎加各上升了5名。与2000年相比，2012年在校大学生数排名下降的国家主要有：法国下降了6名，西班牙、芬兰各下降了4名，意大利、日本和保加利亚等国家名次各下滑了3名（参见下页图4-7）。

---

① 施晓光. 印度高等教育政策的回顾与展望 [J]. 北京大学教育评论, 2009（2）: 118-129.
② 施晓光. 走向2020年的印度高等教育——基于印度"国家中长期发展规划"的考察 [J]. 中国高教研究, 2011（6）: 73-75.

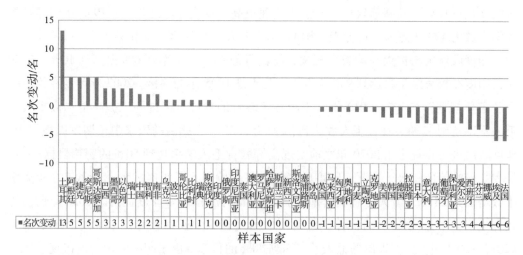

图 4 - 7　2000—2012 年样本国家在校大学生数排名变化

（四）指标 11：公共教育经费占 GDP 比例

1. 指标解释

公共教育经费（我国称为国家财政性教育经费）是政府等公共部门支出的教育经费，包括公共财政预算教育经费，各级政府征收用于教育的税费，企业办学中的企业拨款，校办产业和社会服务收入用于教育的经费等。公共教育经费占 GDP 比例能反映一个国家对公共教育经费的支出力度和对公共教育的重视程度。一般认为，同等经济社会发展水平的国家，公共教育经费占 GDP 比例越高，表明该国对公共教育越重视。

公共教育经费占 GDP 比例，既受教育供给能力的影响，也受教育需求的影响。[①]从国际比较来看，该比例与一个国家的经济发展水平有较大关联，政府财政收入能力强，能用于公共支出的经费就多，因此，发达国家的公共教育经费占 GDP 比例通常高于发展中国家。公共教育经费占 GDP 比例有时也取决于一个国家的公共政策，比如在高税收、高福利的北欧国家，国家对包括教育在内的公共支出投入大量经费。从需求角度来看，通常发达国家的人均预期受教育年限较长，财政中用于教育的经费也相对较多。

2. 数据分析

2000 年，中国的公共教育经费占 GDP 比例仅为 2.87%，在 52 个样本国家中排在第 49 名。2012 年中国在该指标上取得历史性突破，该比例提高至 4.28%，第一次实现了多年前提出的 4% 的战略目标，在 52 个样本国家中的排名也上升至第 40 名。将公共教育经费占 GDP 比例提高到 4% 是中国 20 世纪 90 年代以来的教育发展战略的重要目标，各级政府为实现这一战略目标作出了巨大的努力。进入 21 世纪以来，随着中国GDP 的持续快速增长，中国对教育经费的投入力度也不断加大。2012 年中国公共教育

① 岳昌君. 我国公共教育经费的供给与需求预测 ［J］. 北京大学教育评论, 2008（2）：152 - 166.

经费总额达到 22236.2 亿元，是 2000 年 2562.6 亿元的 8.7 倍。但是，与世界各国公共教育经费占 GDP 比例的平均水平相比，中国还存在一定差距。2012 年以后，虽然该比例持续维持在 4% 的水平线以上，却未能在原有基础上实现进一步提高。除日本（排第 44 名）外，2012 年在该指标上中国低于多数发达国家。有专家认为，在中国经济增长步入"新常态"的情况下，GDP 和财政收入将进入中低速增长阶段，财政收入增速下降与财政支出刚性增长进一步加剧了财政收支矛盾，财政用于教育支出两位数的高速增长难以为继，中国公共教育经费占 GDP 比例短期内很难有大幅度提高。[①]

从样本国家间的比较来看，丹麦、冰岛、瑞典等北欧国家以及新西兰的公共教育经费占 GDP 比例一直处于领先地位。在 2000—2012 年的四次比较研究中，丹麦在该项指标上的排名一直处于第 1。2000 年，丹麦公共教育经费占 GDP 比例就高达 8.08%，2011 年进一步提升到 8.55%。丹麦政府在教育投资上承担了主要责任，包括学前教育至成人教育的各级各类教育，私人教育投资只占教育投资的很小一部分，2000 年，私人教育投资仅占 4.0%。[②] 2000 年，冰岛公共教育经费占 GDP 比例为 6.49%，排在第 3 名，2012 年提高到 7.05%（2011 年数值），仍排在第 3 名。2000—2011 年，瑞典公共教育经费占 GDP 比例保持在 6.4%~7% 之间，2000 年排在第 2 名，2005—2012 年的三次排名中排在第 5~6 名。21 世纪以来，新西兰公共教育经费占 GDP 比例保持在 6.4%~7.4%，并且 2010 年以来均超过了 7%，2012 年在该项指标上排在第 4 名。

主要发达国家在该项指标上的排名并不靠前。从 2012 年的排名来看，这些国家都排在第 15 名以后的第二梯队中。美国公共教育经费占 GDP 比例一直比较稳定，2000 年至 2012 年间维持在 5.2%~5.6%。2000 年，美国在该项指标上排在第 16 名，2012 年滑落至第 25 名。英国的排名有较大幅度的提升，2000 年排在第 27 名，2012 年上升至第 15 名。德国该比例虽有小幅提升，从 2000 年的 4.43% 提升到 2012 年的 4.98%，但排名从第 29 名下降至第 30 名。相比于欧美发达国家，亚洲的日本和韩国公共教育经费占 GDP 比例则更低一些。2000 年，日本公共教育经费占 GDP 比例为 3.53%，排在第 43 名，2012 年虽然提高到 3.84%，但仍排在第 44 名。韩国 2000 年该比例不到 4%，2012 年提高至 4.62%，排名上升至第 34 名。

从发展中国家的情况来看，巴西、哥斯达黎加以及新兴自由市场经济体乌克兰等部分国家的公共教育经费占 GDP 比例显著提高。塞浦路斯 2000 年公共教育经费占 GDP 比例为 5.12%，排在第 19 名，2012 年上升至 7.24%，排在第 5 名。乌克兰 2000 年该项指标值为 4.16%，排在第 34 名，2012 年提高至 6.66%，排在第 8 名。哥斯达黎加 2000 年排在第 30 名，2012 年提高至第 12 名。巴西 2000 年排在第 36 名，2012 年提高

---

①　王善迈．"新常态"下教育经费增长的长效机制——对制定"十三五"教育规划的几点意见 [N]．中国教育报，2015 – 06 – 17．

②　程凤春，郝保伟．丹麦教育投资的特点及其未来走向——兼析经济高度发达、高税收、高福利国家教育投资的特点及未来走向 [J]．比较教育研究，2006（1）：80 – 82．

至第 18 名。

一些国家该比例在 2000—2012 年排名出现下降。下降比较显著的如以色列从第 6 名下降至第 22 名；立陶宛从第 11 名下降至第 26 名；拉脱维亚从第 18 名下降至第 33 名；埃及从第 25 名下降至第 47 名；印度从第 32 名下降至第 46 名。北欧的一些国家也略有下降，如瑞典从第 2 名下降至第 6 名，挪威从第 5 名下降至第 10 名（参见图 4 - 8）。

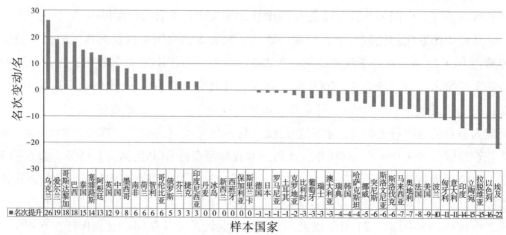

图 4 - 8　2000—2012 年样本国家公共教育经费占 GDP 比例排名变化

（五）指标 12：人均公共教育经费

1. 指标解释

人均公共教育经费是用一个国家公共教育经费总额除以当年人口总数得来的，能反映出政府投资于每个公民的平均教育经费的数量。人均公共教育经费与一个国家公共教育经费总量、人口规模与结构等有关系。发达国家公共教育经费占 GDP 的比例较高，而人口较少，所以人均公共教育经费比较高。人均公共教育经费越多，表明政府对公民的教育支持力度越大。

人均公共教育经费和公共教育经费占 GDP 比例这两个指标之间有一定的正相关性，但它们并不是简单的线性关系（参见下页图 4-9）。比如，公共教育经费占 GDP 比例在 5% ~7% 之间的国家，既有人均公共教育经费较高的瑞士、瑞典、英国、美国等发达国家，也有人均公共教育经费低于 1000 美元的发展中国家，如南非、哥斯达黎加、乌克兰等。

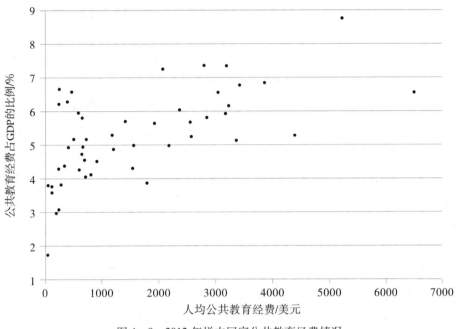

图 4-9　2012 年样本国家公共教育经费情况

2. 数据分析

21 世纪以来，随着财政性教育经费投入力度的逐步加大，中国人均公共教育经费有了显著的增长。2000 年，中国人均公共教育经费支出仅为 27 美元，至 2012 年提高了 8 倍多，达到 247 美元。人均公共教育经费的增长速度超过了同期 GDP 的增长速度（提高了 6.03 倍）。

但是，中国人均公共教育经费在 52 个样本国家中的排名上升有限。2000 年，中国排在第 49 名，经过十多年的努力，虽然人均公共教育经费绝对值有了大幅度提高，但至 2012 年排名仅提高了 3 名，上升至第 46 名。与发达国家相比，中国人均公共教育经费还存在较大差距。2012 年排名第 1 的挪威的人均公共教育经费支出是我国的 26 倍，排名第 10 的比利时是我国的 12 倍，排名第 21 的西班牙是我国的 6 倍。

虽然中国教育经费投入力度不断加大，但由于人口规模大，所以人均公共教育经费同发达国家存在差距是难免的。随着宏观经济的稳步增长，特别是如果成功规避当前面临的"中等收入陷阱"，克服由于需求疲软、劳动力成本和环境成本等上升导致的企业竞争力下降等问题，保持经济的持续增长和政府财政收入的继续增加，同时继续加大财政性教育经费投入，那么我国人均公共教育经费及排名未来还有逐步上升的空间。如果按照年均 6% 的增长速度计算[①]，2020 年中国人均公共教育经费将达到 394 美元，相当于 2012 年第 40 名前后的水平。

---

① 据经济学家刘伟分析，2020 年前我国 GDP 增长仍会保持在 6% 以上。参见刘伟. 中国经济增长特点和趋势若干问题的探讨 [J]. 上海行政学院学报，2015（5）：4-15.

在人均公共教育经费指标上，排名一直比较靠前的主要是公共教育经费占 GDP 的比例较高的北欧国家。2012 年，挪威人均公共教育经费支出高达 6506 美元，排在第 1 名；丹麦、瑞典、芬兰分别为 5235 美元、3868 美元和 3437 美元，分别排在第 2、第 4 和第 5 名；瑞士的人均公共教育经费也达到较高水平，排在第 3 名。

美国、日本、英国、德国等主要发达国家的人均公共教育经费排在第 10～20 名。值得关注的是美国的排名出现明显下滑，2000 年其人均公共教育经费为 2015 美元，排在第 4 名，而 2012 年其人均公共教育经费虽然提高至 2575 美元，但排名却下降至第 13 名（参见图 4-10）。而英国和德国人均公共教育经费保持了稳步增长，排名相对比较稳定，一直排在第 15～17 名。日本也是人均公共教育经费排名下滑较大的发达国家，从 2000 年的第 10 名下降至 2012 年的第 19 名。其主要原因是经济发展陷入长期低迷、出生率下降（少子化）导致人口结构老化、教育经费投入增幅有限。自 20 世纪 90 年代初以来的 20 年是日本经济"失去的 20 年"，实际 GDP 年均增长率只有 0.22%。同时期，日本社会进入重度老龄化阶段，2011 年，65 岁及以上人口占总人口比重超过了 23%[①]。经济增长的低迷影响了政府的财政收入，弱化了公共教育经费的供给能力，而年轻人口的减少也降低了对公共教育经费的需求，这两方面因素造成了日本人均公共经费支出增长缓慢的结果。从 2000 年至 2012 年，日本人均公共教育经费从 1362 美元提高至 1796 美元，年均增长率仅为 2.3%。排名显著下滑的除美国和日本等发达国家外，还有墨西哥、马来西亚等国家。

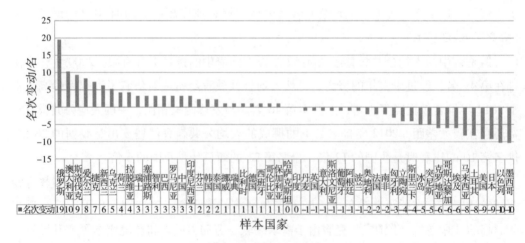

图 4-10　2000—2012 年样本国家样本国家人均公共教育经费排名变化

2000—2012 年，人均公共教育经费支出排名上升显著的国家主要有俄罗斯、澳大利亚、斯洛伐克、爱尔兰、捷克等。导致这些国家人均公共教育经费排名大幅度提高的原因主要是其人均 GDP 和财政支出的大幅度提高，或者公共教育经费支出占 GDP 比

---

① 王晓峰，马学礼. 老龄化加速期人口因素对日本经济增长的影响——以人口、经济的双重拐点为视角 [J]. 现代日本经济，2014（5）：1-12.

例大幅度提升。比如，俄罗斯该指标的排名从第45名提高到第26名，很大程度上是因为其人均GDP从2000年的1775美元上升至2012年的14037美元，公共教育经费占GDP比例从2.94%上升至4.10%。

（六）指标13：公共卫生支出占GDP比例

1. 指标解释

健康是重要的人力资本之一。公共卫生支出占GDP比例能反映政府在公民健康方面投入努力的程度。与公共教育经费占GDP比例指标类似，这一指标也和政府财政能力、与健康相关的公共政策以及社会公共卫生需求有关。一般来说，发达国家在公共卫生和公共教育上的支出比例相对较高，特别是经济发达、人口较少且实行较高社会福利的国家如丹麦、荷兰、比利时、冰岛、瑞典、挪威等。另外新西兰和法国公共教育和公共卫生两项支出总额占GDP比例也非常高。当然不同国家公共经费的支出结构可能不同，比如政府对公共卫生支出和公共教育支出的侧重点可能存在差异。日本、荷兰、德国、法国等发达国家公共卫生支出占GDP比例比教育高出约3个百分点。而发展中国家，如塞浦路斯、马来西亚、印度、印度尼西亚、乌克兰、南非等国家则相反，公共教育经费占GDP比例比公共卫生支出占GDP比例高2~3个百分点。

2. 数据分析

进入21世纪以来，中国公共卫生支出有较大增长，占GDP的比例也有所提高。2000年，中国公共卫生支出为709.5亿元，2012年增加到8432.0亿元，比2000年提高了10倍多。同期，中国公共卫生支出占GDP比例从1.77%上升至3.03%，提高了1.26个百分点。从2000年到2012年，中国公共卫生支出占GDP比例在52个样本国家中排名从第49名提升至第46名，仅提高了3名。这同公共教育经费支出占GDP比例的变化情况相类似（参见下页图4-11）。在公共卫生支出占GDP比例上，中国与一些发展中国家也存在差距。比如，2012年排在第40名的泰国的公共卫生支出占GDP比例为4.5%，比中国高近1.5个百分点。可见，与国际平均水平相比，中国公共卫生支出占GDP比例仍较低，需要继续增加投入以进一步缩小与其他国家的差距。

统计数据显示，公共卫生支出占GDP比例处于前5名的国家分别是荷兰、丹麦、法国、德国和新西兰。2012年，荷兰这一比例值高达10.11%，排在第1名。法国和德国这两个人口规模较大的发达国家，虽然公共教育经费占GDP比例并不领先，但在公共卫生方面政府投入比例较高，2012年公共卫生支出占GDP比例分别达到8.98%和8.67%。在人力资源竞争力指数排名靠前的国家中，除韩国外，其他国家的公共卫生支出占GDP比例都比较高。2012年，德国、日本、美国、英国该指标的排名分别是第4名、第6名、第9名和第11名；韩国公共卫生支出占GDP比例为4.14%，在52个样本国家中排在第36名。

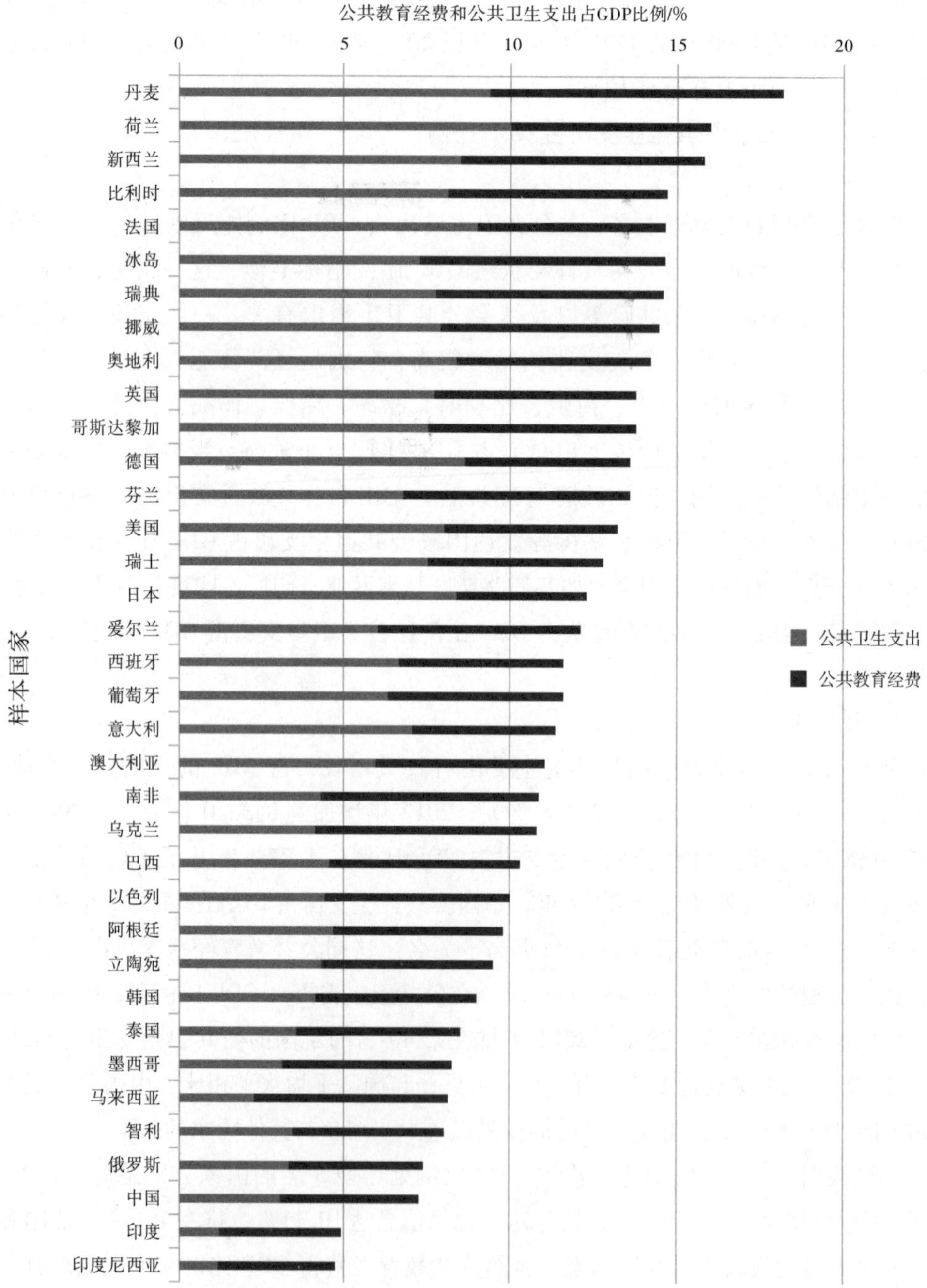

公共教育经费和公共卫生支出占GDP比例/%

图 4-11　2012 年部分样本国家公共教育经费和公共卫生支出占 GDP 比例

从该指标排名变化情况来看，提升较快的国家主要有荷兰、巴西、韩国、新西兰等。荷兰是公共卫生支出占 GDP 比例排名提升幅度最大的国家，2000 年为 5.05%，排在第 24 名，2012 年达到 10.11%，跃居第 1 名。巴西 2000 年这一比例值仅为 2.90%，排在第 40 名，2012 年提高到 4.51%，上升至第 30 名。同期，韩国从第 45 名上升至第

36 名，新西兰从第 13 名上升至第 5 名（参见图 4-12）。

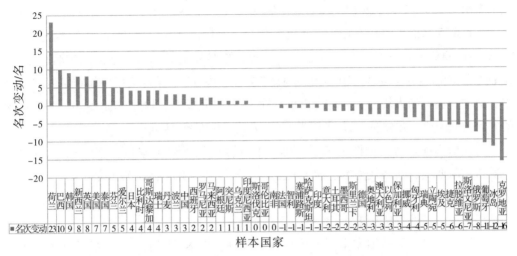

图 4-12　2000—2012 年样本国家公共卫生支出占 GDP 比例排名变化

在这个指标上也有些国家出现排名下降，较显著的国家有克罗地亚、冰岛、葡萄牙、俄罗斯、斯洛文尼亚等。冰岛的指标值从 7.70% 下降至 7.45%，排名从 2000 年的第 3 名下降至 2012 年的第 15 名。俄罗斯指标值从 3.23% 上升至 3.32%，但其排名从第 36 名下降至第 44 名。这表明，即便指标值有所增长，但在排名上也有可能出现下降的情况。

（七）指标 14：人均公共卫生支出

1. 指标解释

人均公共卫生支出能反映政府对公民投入的公共卫生经费的平均水平。它既受国家经济发展水平、财政能力和医疗卫生公共政策的影响，也与人口结构及由此带来的公共卫生经费需求有关。

2. 数据分析

2000 年，中国人均公共卫生支出为 16.49 美元，2012 年提高至 184.47 美元，是 2000 年的 11 倍左右。人均公共卫生支出的大幅度提高得益于中国经济持续快速增长以及政府对增加公共卫生支出的持续努力。但是，比照世界银行划分的分组，2012 年国际高收入组国家人均公共卫生支出为 2861 美元，中高收入组为 259 美元，中国这一指标值仅为 184.47 美元，尚未达到中高收入组的平均水平。可见，与国际水平相比，中国仍有较大差距。中国在该指标上的排名也说明了这点，2000 年为第 49 名，2012 年为第 46 名。中国要提高这个指标的排名，就要进一步加大对公共卫生经费的投入力度。如果按照预期 GDP 年均增速 6% 同样的增长速度来预测，那么中国人均公共卫生支出至 2020 年将有可能达到 270 美元，达到国际上中高收入国家的平均水平。但即便如此，中国人均公共卫生支出也仅相当于 2012 年样本国家第 44 名的水平（第 43 名 295 美元，第 44 名 231 美元）。

人均公共卫生支出排名靠前的也一直是北欧几个发达国家。挪威 2000 年人均公共卫生支出为 2603 美元，2012 年提升到 7919 美元，始终排在 52 个样本国家中的第 1 名。排在前 5 名的国家还有瑞士、丹麦、荷兰、瑞典，这些国家 2012 年人均公共卫生支出都在 4000 美元以上。人力资源竞争力指数排名靠前的国家本指标值排名也较高。比如美国 2012 年人均公共卫生支出为 4153 美元，在 52 个样本国家中排在第 6 名。日本、德国、英国的人均公共卫生支出也都在 3000 美元以上，均排在前 15 名。只有韩国的人均公共卫生支出略低，2012 年为 1038 美元，排在第 24 名。

从该指标排名的变化情况来看，排名上升幅度较大的国家包括澳大利亚、荷兰、俄罗斯、新西兰、斯洛伐克等。澳大利亚人均公共卫生支出从 2000 年的 1118 美元，提高至 2012 年的 4035 美元，排名从第 17 名上升到第 7 名；同期，荷兰的排名从第 13 名上升至第 4 名，俄罗斯从第 44 名上升至第 36 名（参见图 4 - 13）。

该指标排名下降的国家主要有冰岛、墨西哥、日本、阿根廷、突尼斯等。其中冰岛下降幅度最大，从 2000 年的第 2 名下滑至 2012 年的第 16 名。日本人均公共卫生支出虽然从 2000 年的 2312 美元提高至 2012 年的 3940 美元，但低于其他一些国家的提升幅度，所以排名从第 3 名下滑至第 9 名。

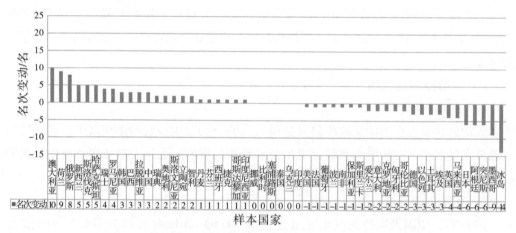

图 4 - 13　2000—2012 年样本国家人均公共卫生支出排名变化

四、人力资源贡献指标

人力资源贡献是人力资源开发成果对经济社会发展促进作用的体现。本指标体系确定从人力资源对物质贡献能力和知识贡献能力的角度来进行评估。前者主要包括国内生产总值（GDP）和劳动生产率两个三级指标，后者包括专利申请总量和每百万人口专利申请数两个三级指标。

如下页表 4 - 3 所示，人力资源贡献对人力资源竞争力有着重要的影响。人力资源竞争力指数较高的国家，其人力资源贡献指数也比较高。在 52 个样本国家中，人力资源贡献指数排名比较高的主要是欧美发达国家，2012 年排在前 6 名的国家分别是美国、日本、韩国、德国、法国、英国。而且，从2000年至2012年，该指标的排名总体上无太大变化。

2000年至2012年，中国在该指标上有较大幅度提升，人力资源贡献指数从0.682提高到0.706，排名从第20名提升至第7名，这表明中国人力资源开发对经济增长的贡献度有所提高。

表4-3 样本国家人力资源贡献指数及其排名

国家	2000 年		2005 年		2010 年		2012 年	
	指数	排名	指数	排名	指数	排名	指数	排名
美国	0.942	2	0.920	2	0.919	1	0.903	1
日本	0.979	1	0.929	1	0.918	2	0.900	2
韩国	0.851	4	0.802	4	0.806	4	0.793	3
德国	0.869	3	0.814	3	0.810	3	0.786	4
法国	0.814	6	0.759	6	0.758	5	0.732	5
英国	0.835	5	0.767	5	0.735	6	0.714	6
中国	0.682	20	0.557	22	0.666	9	0.706	7
意大利	0.787	7	0.729	7	0.729	7	0.695	8
澳大利亚	0.715	16	0.644	11	0.667	8	0.667	9
挪威	0.721	14	0.648	9	0.666	10	0.652	10
瑞士	0.738	9	0.642	13	0.658	12	0.641	11
俄罗斯	0.711	18	0.593	18	0.637	16	0.640	12
瑞典	0.761	8	0.651	8	0.649	14	0.637	13
荷兰	0.735	10	0.647	10	0.659	11	0.628	14
奥地利	0.723	12	0.643	12	0.651	13	0.625	15
丹麦	0.722	13	0.636	15	0.645	15	0.615	16
芬兰	0.732	11	0.630	16	0.635	17	0.613	17
西班牙	0.720	15	0.638	14	0.635	18	0.599	18
比利时	0.672	22	0.574	21	0.587	21	0.578	19
新西兰	0.678	21	0.587	19	0.581	22	0.569	20
以色列	0.714	17	0.585	20	0.600	19	0.564	21
爱尔兰	0.693	19	0.608	17	0.594	20	0.551	22
土耳其	0.570	32	0.485	24	0.554	23	0.550	23
波兰	0.657	25	0.506	23	0.544	24	0.540	24
巴西	0.659	23	0.481	25	0.528	25	0.513	25

（续表）

国家	2000 年		2005 年		2010 年		2012 年	
	指数	排名	指数	排名	指数	排名	指数	排名
捷克	0.597	31	0.465	27	0.507	26	0.481	26
葡萄牙	0.546	40	0.424	34	0.483	28	0.466	27
斯洛文尼亚	0.597	30	0.461	28	0.487	27	0.464	28
阿根廷	0.657	24	0.430	31	0.459	30	0.453	29
哈萨克斯坦	0.561	36	0.390	38	0.450	32	0.448	30
墨西哥	0.605	27	0.444	29	0.445	34	0.446	31
马来西亚	0.542	42	0.392	37	0.457	31	0.446	32
匈牙利	0.611	26	0.481	26	0.469	29	0.445	33
罗马尼亚	0.563	35	0.405	36	0.449	33	0.413	34
智利	0.563	34	0.406	35	0.413	38	0.408	35
南非	0.598	28	0.439	30	0.436	35	0.397	36
克罗地亚	0.570	33	0.425	32	0.418	36	0.389	37
印度	0.554	38	0.341	41	0.395	40	0.383	38
斯洛伐克	0.539	43	0.355	40	0.415	37	0.378	39
乌克兰	0.598	29	0.386	39	0.375	41	0.378	40
拉脱维亚	0.494	45	0.312	44	0.362	42	0.363	41
冰岛	0.556	37	0.425	33	0.398	39	0.361	42
泰国	0.545	41	0.328	42	0.359	43	0.341	43
立陶宛	0.475	46	0.301	45	0.339	44	0.333	44
埃及	0.553	39	0.273	47	0.331	46	0.329	45
保加利亚	0.504	44	0.319	43	0.335	45	0.323	46
哥伦比亚	0.475	47	0.246	48	0.280	48	0.308	47
印度尼西亚	0.454	49	0.205	50	0.281	47	0.281	48
斯里兰卡	0.424	51	0.184	51	0.234	50	0.233	49
突尼斯	0.457	48	0.241	49	0.250	49	0.230	50
塞浦路斯	0.441	50	0.296	46	0.210	51	0.190	51
哥斯达黎加	0.380	52	0.111	52	0.148	52	0.162	52

来源：教育部教育发展研究中心人力资源强国评价研究课题组。

（一）指标 15：国内生产总值

1．指标解释

国内生产总值（Gross Domestic Product，GDP）是指一个国家范围内的所有常住单位在一定时期内生产最终产品和提供劳务的价值总和。它能反映一个国家某一年中经济活动产出的规模，可用来评价该国经济总体实力和竞争力。人力资本理论认为，人力资源对 GDP 的提高具有促进作用。

2. 数据分析

改革开放以来，中国经济建设取得了举世瞩目的伟大成就，实现了经济的持续快速增长，国家经济总量持续增大。中国 GDP 世界排名 2000 年中国为第 6 名，2005 年上升为第 5 名，2006 年升至第 4 名，2007 年升至第 3 名，2009 年上升为第 2 名，中国成为仅次于美国的经济大国。2014 年中国 GDP 达到 636463 亿元，首次突破 60 万亿元，以美元计，亦首次突破 10 万亿美元大关。中国成为继美国之后又一个"10 万亿美元俱乐部"成员。此后，中国 GDP 持续保持世界第 2，遥遥领先于德国和日本的经济规模。

从该指数及排名变化情况来看（参见图 4 - 14），发展中国家表现十分出彩。2000—2012 年，印度尼西亚和哈萨克斯坦的排名上升 9 个名次，是上升速度最快的两个国家。俄罗斯上升 8 个名次，哥伦比亚上升 7 个名次，马来西亚和智利上升 5 名次。而发达国家的排名变化不大，澳大利亚（上升 3 名）是发达国家中唯一一个排名有提升的国家。据世界银行发布的《全球经济展望》，2012 年全球 GDP 增长率为 2.3%，其中发展中国家 GDP 增长率为 5.1%；而发达国家的增长率仅为 1.3%。

由于经济增长速度放缓，发达国家 GDP 排名普遍下降。与 2000 年相比，2012 年有 27 个国家的 GDP 排名下降，其中发达国家占大多数。日本、德国、意大利、瑞典、英国、新西兰、爱尔兰、荷兰和葡萄牙等许多发达国家的 GDP 排名出现下滑。

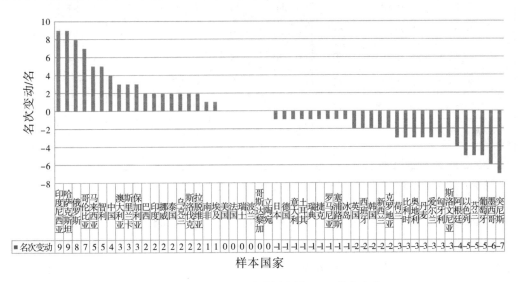

图 4 - 14　2000—2012 年样本国家 GDP 排名变化

（二）指标 16：劳动生产率

1. 指标解释

劳动生产率是指劳动者在一定时期内创造的劳动成果与其相应的劳动消耗量的比

值。全员劳动生产率是根据产品的价值量指标计算的平均每一个从业人员在单位时间内的产品生产量。劳动生产率能反映一个国家劳动者生产的效果或能力。

2. 数据分析

在 52 个样本国家中，中国的劳动生产率 2000 年排在第 51 名，2012 年略有提升，排在第 47 名。虽然中国该指标低于样本国家中多数发达国家，但在发展中国家中排名靠前（参见表 4-4）。劳动生产率较低是中国人力资源竞争力的一个薄弱环节，也是制约中国经济可持续发展的一个瓶颈问题。阻碍中国劳动生产率提高的主要原因：一是中国人口众多，劳动力规模大，特别是农业劳动人口规模较大；二是中国人力资源开发水平、劳动力教育培训水平整体较低；三是生产技术相对落后。发达国家的高劳动生产率主要依靠其先进的科学技术和较高的劳动力技能水平。所以，中国建设人力资源强国的一项重要目标就是要大力开发人力资源，持续提高劳动者的能力与技能水平，缩小与发达国家劳动者生产能力的差距。当然，这将是一项长期而艰巨的任务。

表 4-4　部分发展中国家劳动生产率指数及其排名

国家	2000 年		2005 年		2010 年		2012 年	
	指数	排名	指数	排名	指数	排名	指数	排名
保加利亚	0.768	43	0.802	40	0.820	41	0.817	43
突尼斯	0.822	35	0.816	37	0.815	43	0.804	44
哥伦比亚	0.782	42	0.765	44	0.795	45	0.802	45
埃及	0.800	41	0.74	46	0.786	46	0.787	46
中国	0.659	51	0.684	50	0.749	48	0.765	47
乌克兰	0.665	50	0.720	48	0.743	50	0.754	48
泰国	0.731	45	0.721	47	0.752	47	0.753	49
斯里兰卡	0.708	47	0.708	49	0.747	49	0.753	50
印度尼西亚	0.673	49	0.681	51	0.735	51	0.740	51
印度	0.653	52	0.657	52	0.709	52	0.708	52

来源：教育部教育发展研究中心人力资源强国评价研究课题组。

从劳动生产率变化情况来看，澳大利亚从 2000 年的第 18 名上升到 2012 年的第 3 名，成为全球劳动生产率上升最快的国家。紧随其后的是斯洛伐克和俄罗斯，都上升了 9 名。发达国家中名次提升较多的国家还有瑞士和丹麦。瑞士从 2000 年的第 8 名上升到 2012 年的第 2 名；丹麦从 2000 年的第 12 名上升到 2012 年的第 6 名。

而劳动生产率排名下降显著的国家有墨西哥（下降 12 名）、以色列（下降 11 名）和日本（下降 11 名）。此外，意大利劳动生产率排名从 2000 年的第 5 名下降到 2012 年的第 7 名；美国从 2000 年的第 3 名下降到 2012 年的第 8 名（参见下页图 4-15）。

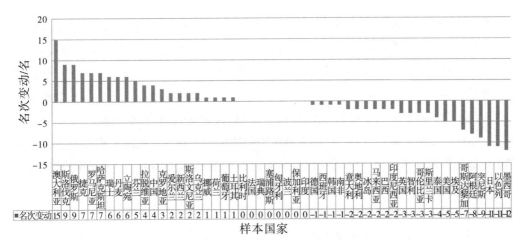

图 4 - 15　2000—2012 年样本国家劳动生产率排名变化

（三）指标 17：专利申请总量

1. 指标解释

专利是指一项发明创造的首创者所拥有的受保护的独享权益。专利申请总量是指一个国家某一年申请专利的总和，能反映一个国家知识创新的能力与水平，也是国际上通用的衡量一个国家科技竞争力的主要指标。

2. 数据分析

统计数据显示，近年来中国人力资源的知识贡献能力排名持续上升。2000 至 2012 年间，中国人力资源的知识贡献能力排名上升 15 名，上升速度名列第 2 （参见图 4 - 16）。出现这种积极变化，主要是因为中国政府高度重视科学技术投入和人力资源开发，使得中国人力资源的知识创新和技术创新能力不断提升，专利申请总量迅速增大。

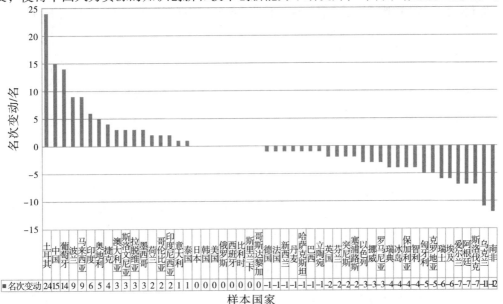

图 4 - 16　2000—2012 年样本国家人力资源知识贡献能力排名变化

专利申请总量是衡量一个国家的科技创新能力的重要指标之一。从 2000 年到 2012 年间的专利申请总量来看，中国跃居世界首位，成为专利生产大国。《2012 年全球知识产权指标报告》指出，中国国家知识产权局所接受的专利申请数连续超过日本和美国，在 2011 年成为世界第 1。① 2013 年，中国国家居民专利申请总量达 56.1 万件，保持世界第 1。

但是，我们也要看到，目前中国仅仅是专利申请数量意义上的大国，还远不是专利强国。相比于专利申请总量大，中国专利申请的质量还不够高。国际上将专利分为发明、实用新型和外观设计三类。中国专利申请多是外观设计和实用新型，而发明专利较少，特别是缺少核心技术的创新专利。由于创新含量低，中国 5 年专利维持率很低。就企业科技创新能力而言，中国企业的模仿性创新多于原创性创新，表层创新多于深层创新。

中国虽然提出了创新驱动发展的国家战略，正在着力加大科技投入力度，全面加强科技创新，但目前距知识产权强国尚有较大距离，在核心技术创新、专利质量方面与发达国家存在较大差距。因此，《深入实施国家知识产权战略行动计划（2014—2020 年)》提出，要"认真谋划我国建设知识产权强国的发展路径，努力建设知识产权强国"。

从相关指标的国际比较情况来看，发达国家依然占据着科技创新的制高点。比较分析表明，一个国家的科技创新能力和专利申请总量与其经济实力、富裕程度正相关。虽然美国、日本、德国、韩国和英国这一指标排在中国之后，但作为世界专利生产大国，这些国家长期保持着知识和技术创新强国的地位，在诸多领域引领着世界科技发展。在这个指标上，个别发展中国家的表现可谓是"异军突起"。土耳其从 2000 年的第 38 名上升到 2012 年的第 12 名，提升了 26 名。土耳其的表现与其近年来经济实力和科技实力的增长有密切关系。

比较分析还表明，有些国家专利申请总量指数排名出现下滑，如爱尔兰下降了 11 名，南非下降了 8 名，瑞典下降了 7 名，芬兰下降了 6 名，挪威下降了 5 名（参见图 4-17）。

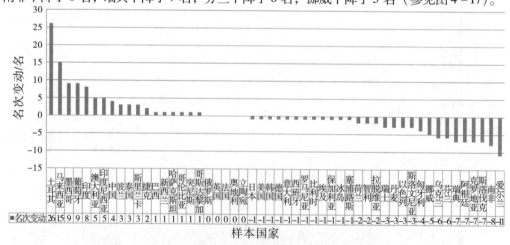

图 4-17 2000—2012 年样本国家专利申请总量排名变化

① 中国专利申请数量超越美国居全球第 1 ［EB/OL］.（2012-12-14）. http://network.pconline.com.cn/news/1212/3112900.html.

（四）指标 18：每百万人口专利申请数

1. 指标解释

每百万人口专利申请数是指一个国家每百万人口平均的专利申请数量，能够反映一个国家平均的知识创新的能力和水平，是国际上通用的衡量一个国家民众创新能力的主要指标。

2. 数据分析

从该指标的数据分析结果来看，中国每百万人口专利申请数的增速较快，增幅较大。2000 年，中国每百万人口专利申请数为 19.79 件，在 52 个样本国家中排在第 36名，处于中等偏下水平。2005 年排名提升至第 25 名，2010 年排名上升至第 14 名，2012 年进一步上升至第 5 名。这表明，伴随中国总体经济实力增强，科技投入增加，以及民众受教育水平不断提高等，中国的创新能力有所增强。从 2005 年到 2010 年，中国每百万人口专利申请数从 215.52 件上升到 388.73 件，上升幅度高达 80.37%，是所有国家中增长速度最快的。2012 年，中国每百万人口专利申请数紧跟韩国、日本、美国和德国之后，排在第 5 名。作为人口大国，中国能够在此项排名中居前，实属不易。

在这项指标上，2012 年指数超过 0.8 的国家，除中国外，还有韩国、日本、美国、德国等 4 个国家，其中韩国和日本长时间排在前两名。

从排名变化来看，除中国提升幅度最大（上升 31 名）外，土耳其上升 16 名，葡萄牙上升 13 名（参见图 4-18）。在每百万人口专利申请数排名下降的 28 个国家中，既有发达国家，也有发展中国家。值得关注的是，瑞典从 2000 年的第 6 名下降到 2012 年的第11 名，跌出前 10 名；冰岛从 2000 年的第 16 名下降到 2012 年的第 21 名，跌出前 20 名。相比之下，法国成了个例外，"逆向"上升了 3 名。排名下降较多的国家主要有乌克兰（下降 11 名）、塞浦路斯（下降 9 名）、爱尔兰（下降 9 名）和南非（下降 8 名）等。

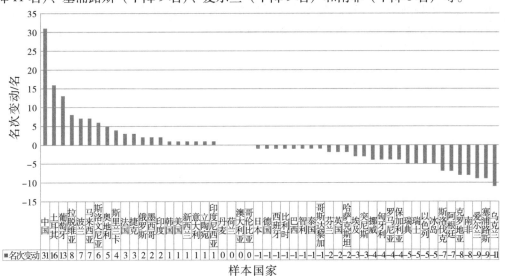

图 4-18　2000—2012 年样本国家每百万人口专利申请数排名变化

五、本指标体系的局限和需深入探讨的问题

本指标体系是综合考虑指标的针对性、合理性、数据可获得性及简便性等多方面因素后形成的方案。由于人力资源强国评价的综合性和复杂性，本指标体系难免存在着一些缺陷和不足，有些问题需要进行更加深入的研究。

一是如何把握总量类指标和人均类指标的关系。中国作为人口大国和人力资源大国，在总量类指标上往往名列前茅，比如国内生产总值、在校大学生数、科学家与工程师人数等。但在人均类指标上，排名往往很低，比如人均受教育年限、人均公共教育经费、每十万人口科学家与工程师人数、劳动生产率等。优先考虑总量类指标还是人均类指标，这在课题组中一直难以达成一致。另外，有些总量规模很小的国家，由于其人均指标排名靠前，所以人力资源竞争力指数排名也很高，但这类国家同中国是否有可比性，是否应以一定人口规模作为人力资源竞争力比较的前提？这是个有待深入研究的问题。

二是缺乏反映教育质量对人力资源影响的指标。在本指标体系中虽然有人力资源开发质量的一级指标，但其中的 4 个三级指标——人均预期寿命、人均预期受教育年限（25 岁及以上）、科学家与工程师人数、每十万人口科学家与工程师人数——其实并非直接反映教育质量的指标。在研究过程中，课题组曾尝试过用 PISA 测试成绩作为反映基础教育质量的指标，但 52 个样本国家中有相当一部分并未参与 PISA 测试，因此无法获得相关数据。换言之，反映教育质量的数据难以获得。

三是人口年龄中位数是一个存在多维价值判断的指标。尽管本课题组对其进行了技术调整，但是仍与人均预期寿命指标存在价值取向不完全一致，甚至相矛盾。人口年龄中位数过高或过低都可视为一个国家人口结构存在问题，但人口年龄中位数多少才是合理却很难判断。另外，人均预期寿命延长肯定会提升人口年龄中位数，它同人口年龄中位数的关系复杂，有待深入研究分析。

第五章 人力资源强国建设的目标与任务

我国社会主义现代化建设的战略目标是，在中国共产党成立一百年时全面建成小康社会，在中华人民共和国成立一百年时基本建成社会主义现代化国家。建设人力资源强国是实现"两个一百年"奋斗目标的必然要求，是实现中华民族伟大复兴中国梦的必由之路，也是赢得国际竞争的必然选择。当今世界的综合国力竞争，归根结底是人力资源的竞争、人才的竞争、国民素质的竞争。建设人力资源强国是提高我国人力资源竞争力的根本途径。

一、人力资源强国建设的战略依据

20 世纪 80 年代，党的十三大提出了中国社会发展的"三步走"战略。即：第一步，解决温饱问题；第二步，进入小康阶段；第三步，用 50 年左右时间进入中等发达国家行列。

20 世纪 90 年代，党的十五大基于中国社会发展变化的实际，提出 21 世纪中国社会发展的"三步走"设想。即：第一个 10 年，全面建设小康；第二个 10 年，达到富裕小康水平；第三步，到 2050 年，基本实现现代化。

党的十八大以来，以习近平为核心的党中央审时度势，确立了实现"两个一百年"奋斗目标、实现中华民族伟大复兴中国梦的新战略。党的十九大提出：到建党一百年时建成经济更加发展、民主更加健全、科教更加进步、文化更加繁荣、社会更加和谐、人民生活更加殷实的小康社会；到新中国成立一百年时，基本实现现代化，把我国建成社会主义现代化国家。

实现"两个一百年"奋斗目标和中华民族伟大复兴的中国梦，建设社会主义现代化强国，必须大力加强人力资源强国和人才强国建设。对此，习近平在近年一系列重要讲话中曾有过高屋建瓴的精辟论述。

2013 年 10 月 21 日，习近平在欧美同学会成立 100 周年庆祝大会上发表的重要讲话中指出："综合国力竞争说到底是人才竞争。人才资源作为经济社会发展第一资源的特征和作用更加明显，人才竞争已经成为综合国力竞争的核心。谁能培养和吸引更多优秀人才，谁就能在竞争中占据优势。"

2014 年 6 月 9 日，习近平在中国科学院第十七次院士大会、中国工程院第十二次院士大会上的讲话指出："我国是一个人力资源大国，也是一个智力资源大国，我国 13 亿多人大脑中蕴藏的智慧资源是最可宝贵的。知识就是力量，人才就是未来。我国要在科技创新方面走在世界前列，必须在创新实践中发现人才、在创新活动中培育人才、在创新事业中凝聚人才，必须大力培养造就规模宏大、结构合理、素质优良的创新型科技人才。"

2014 年 9 月 9 日，习近平同北京师范大学师生代表座谈时发表重要讲话："当今世界的综合国力竞争，说到底是人才竞争，人才越来越成为推动经济社会发展的战略性资源，教育的基础性、先导性、全局性地位和作用更加突显。'两个一百年'奋斗目标的实现、中华民族伟大复兴中国梦的实现，归根到底靠人才、靠教育。源源不断的人才资源是我国在激烈的国际竞争中的重要潜在力量和后发优势。"

2015 年 4 月 28 日，习近平在庆祝"五一"国际劳动节暨表彰全国劳动模范和先进工作者大会上的讲话中指出："我们一定要深入实施科教兴国战略、人才强国战略、创新驱动发展战略，把提高职工队伍整体素质作为一项战略任务抓紧抓好，帮助职工学习新知识、掌握新技能、增长新本领，拓展广大职工和劳动者成长成才空间，引导广大职工和劳动者树立终身学习理念，不断提高思想道德素质和科学文化素质。"

2016 年 5 月 30 日，习近平在全国科技创新大会、中国科学院第十八次院士大会和中国工程院第十三次院士大会、中国科学技术协会第九次全国代表大会的讲话中指出："一切科技创新活动都是人做出来的。我国要建设世界科技强国，关键是要建设一支规模宏大、结构合理、素质优良的创新人才队伍，激发各类人才创新活力和潜力。"

建设人力资源强国是党和国家提出的重要战略目标。2010 年党中央、国务院发布的《国家中长期教育改革和发展规划纲要（2010—2020 年）》提出了我国到 2020 年进入人力资源强国行列的战略目标。近年来，我国持续深入实施的一系列国家战略，特别是科教兴国战略、人才强国战略、创新驱动发展战略等为我国建设人力资源强国提供了重要的政策依据。

2016 年，中共中央、国务院印发的《国家创新驱动发展战略纲要》提出了我国到 2050 年建成世界科技创新强国"三步走"的战略目标。第一步，到 2020 年进入创新型国家行列，基本建成中国特色国家创新体系，有力支撑全面建成小康社会目标的实现。在此期间，要实现科技进步贡献率提高到 60% 以上，研究与试验发展经费支出占 GDP 的比例达到 2.5%。第二步，到 2030 年跻身创新型国家前列，发展驱动力实现根本转换，经济社会发展水平和国际竞争力大幅提升，为建成经济强国和共同富裕社会奠定坚实基础。在此期间，研究与试验发展经费支出占 GDP 的比例达到 2.8%。第三步，到 2050 年建成世界科技创新强国，成为世界主要科学中心和创新高地，为把我国建成富强民主文明和谐的社会主义现代化国家、实现中华民族伟大复兴的中国梦提供强大支撑。在此期间，科技和人才成为国力强盛最重要的战略资源，劳动生产率、社会生产力提高主要依靠科技进步和全面创新，中国将成为全球高端人才创新创业的重要聚集地。

二、人力资源强国建设的内涵

人力资源开发的主要途径是教育和学习，因此人力资源强国应建立在教育强国的基础上。人力资源强国的一个重要标志是建立起比较强大的教育体系，即教育强国。教育强国是指教育的参与、公平和质量达到世界先进水平，教育对人力资源开发的促进作用充分显现的国家。早在 1985 年，邓小平同志就明确指出："我们国家，国力的强弱，经济发展后劲的大小，越来越取决于劳动者的素质，取决于知识分子的数量和质量。"

中国是一个发展中的人力资源大国，在人力资源开发上具有巨大的发展潜力和空间。建设人力资源强国，必须从建设具有综合实力、竞争能力和国际影响力的教育强国入手。其主要内涵包括以下几方面的内容。

一是拥有世界一流的人力资源开发质量。人力资源开发质量的提升首先体现在国民素质的普遍提高及人均受教育年限的提升。未来 10～15 年，随着我国学前教育、高中阶段教育的普及和高等教育毛入学率的进一步提高，我国的人均预期受教育年限将会持续提高。2025 年，我国新增劳动年龄人口人均受教育年限将达到 13.85 年左右，2030 年将达到 14 年以上，届时我国新增劳动年龄年龄人口人均受教育年限将同发达国家处于同一水平。同时，进一步缩小与发达国家在主要劳动年龄人口人均受教育年限上的差距。2025 年，我国主要劳动年龄人口人均受教育年限将接近 12 年，2030 年将达到 12.5 年。人力资源开发质量的提升还体现在战略性人力资源的持续开发上，其核心是继续加大从事科技研发的科学家与工程师的培养力度，提高培养质量，大幅度提高我国按人口平均的科学家与工程师人数。2020—2030 年，中国高等教育将实现从大众化阶段向普及化阶段的转变。2025 年中国高等教育毛入学率将达到 50% 左右，2030 年将达到 55% 左右。中国劳动人口中，具有高等教育文化程度者的比例将以每年 1% 左右的速度提升，到 2030 年将达到 30% 以上。中国人力资源的深度开发，特别是高等教育规模与质量更加协调的发展，将为中国持续带来新的"人力资源红利"。

二是拥有世界一流的人力资源开发能力。未来一个较长时期内，中国人力资源总量将继续保持世界第一。2030 年，中国总人口将保持在 14.75 亿，其中劳动人口，即 15～64 岁人口总数为 97467 万人，[①] 人口总量供给充足为我国人力资源的持续开发和深度开发提供了基础条件。提高人力资源开发能力的关键在于建立完备的终身教育体系。中国已经建立了世界上规模最大的教育体系，未来还要进一步完善能满足全民终身学习和人力资源持续开发需求的现代化教育体系。这个现代化教育体系不仅包括各级各类正规教育，也将包含各种非正规教育、非正式学习。这个现代化教育体系将建立在人人学习、处处学习、时时学习的学习型社会的基础上。这个现代化教育体系将为全

---

① 陈卫. 中国未来人口发展趋势：2005—2050 年 [J]. 人口研究，2006（4）：94.

体公民提供全纳的、公平的、高质量的终身教育服务，同时，能充分满足经济社会发展对人力资源开发和人才培养的需求，包括人才培养的规模、结构和质量需求。这个现代化教育体系在教育制度、内容和方法上将更加完善、更加先进，同时也更具有国际竞争力。这个现代化教育体系将具备更强的人力资源开发保障能力，得到更有力的资源保障，包括公共教育经费占 GDP 比例的进一步提升。

三是拥有世界一流的人力资源贡献能力。要通过不断深化教育教学改革，全面提升我国新增劳动力和从业人口的综合素质与能力水平，全面提高我国人力资源的物质贡献能力和知识贡献能力。通过全面提高学校教育质量，转变人才培养模式，增强对学生核心素养与能力的培养，特别是加强社会责任感、创新能力和实践能力的培养，全面提升新增劳动力的综合素质和能力水平。通过完善终身学习体系，提供更有效的继续教育与培训，全面提升在职劳动者，包括科技研发人员和生产一线的技能劳动者的能力和技能水平，为大众创业、万众创新提供更加有力的支撑。

未来一个时期，我国将进入人力资源强国建设的关键阶段：实现从教育大国向教育强国，从人力资源大国向人力资源强国的战略转变。要加快实现这个战略转变，就必须进一步明确人力资源强国建设的战略目标、步骤和任务。

三、人力资源强国建设的战略目标

依据我国"两个一百年"奋斗目标和社会主义现代化建设新"三步走"战略，我国在人力资源强国建设上也应采取"三步走"战略。

第一步：2016—2020 年，实现《国家中长期教育改革和发展规划纲要（2010—2020 年）》提出的战略目标："基本实现教育现代化，基本形成学习型社会，进入人力资源强国行列"，使我国教育综合实力和国际竞争力显著提高，20 ~ 59 岁主要劳动年龄人口人均受教育年限达到 11.2 年，教育发展主要指标达到中等收入国家先进水平，人力资源竞争力进入世界前 10 名。

第二步：2021—2030 年，总体实现教育现代化，建成学习型社会，进入教育强国行列，教育综合实力和国际竞争力达到发达国家平均水平。20 ~ 59 岁主要劳动年龄人口人均受教育年限达到 12.5 年，人力资源竞争力进入世界前 5 名。

第三步：2031—2050 年，建成世界一流的教育强国，教育综合实力和人力资源竞争力居于世界领先地位。

根据上述人力资源强国建设"三步走"战略设想及我国教育发展的实际状况，课题组对 2020—2030 年中国教育发展目标进行了预测（参见下页表 5 –1）。

表 5-1 2020—2030 年中国教育发展目标预测

单位:%

	指标	2020 年	2025 年	2030 年
学前教育	学前三年毛入园率	70	85	90
九年义务教育	巩固率	95	98	99
高中阶段教育	毛入学率	90	95	98
高等教育	毛入学率	40	50	55
继续教育	从业人员继续教育参与率	30	40	50

按照上述各级教育发展目标，课题组对 2020—2030 年中国人力资源开发主要目标进行了预测（参见表 5-2）。

表 5-2 2020—2030 年中国人力资源开发主要目标预测

指标	2020 年	2025 年	2030 年
具有高等教育文化程度的人数/万人	19500	22800	25000
20~59 岁主要劳动年龄人口人均受教育年限/年	11.20	11.80	12.50
其中受过高等教育的比例/%	20.00	25.00	32.00
新增劳动年龄人口人均受教育年限/年	13.50	13.85	14.00
其中受过高中阶段及以上教育的比例/%	90.00	95.00	98.00

四、人力资源强国建设的战略任务

建设人力资源强国，必须根据"两个一百年"奋斗目标和中华民族伟大复兴中国梦的战略要求，加快实现教育现代化，加快建设教育强国，加快形成学习型社会。

1. 构建完善的终身教育体系，建成学习型社会

终身教育体系强调用统整与系统的理念整合各级各类教育以充分发挥其整体效用。党的十八大报告提出："完善终身教育体系，建设学习型社会。"终身教育体系对促进全体人民学有所教、学有所成、学有所用，实现从人力资源大国向人力资源强国转变具有重要战略意义。构建终身教育体系的重要任务，一是要推进正规教育、非正规教育与非正式学习的融合沟通，促进学历教育和非学历教育协调发展，职业教育和普通教育相互沟通，职前教育和职后教育有效衔接；还要实现学前教育、学校教育与继续教育的协调发展，实现学校教育、家庭教育和社会教育的紧密结合。要建立健全终身学习的服务体系、制度体系和资源保障体系。建立非正规学习成果认定转换制度，建立学分银行，促进不同类型学习成果的互认和衔接。二是要大力加强继续教育，依托

现代信息技术发展继续教育。大力发展职业培训，使从业人员继续教育年参与率达到50%，促进终身职业能力开发。积极发展社区教育和老年教育，充分开发老年人力资源。建成时时能学、处处可学、人人皆学的学习型社会，深入推进学习型社会建设。大力发展以现代信息技术为基础的远程开放教育，完善信息化、智能化、智慧化的学习环境。三是要完善终身教育治理体系，建立完善跨部门、部门协作、责任分担、权责明确、分工合作的管理体制。四是要健全终身学习激励和保障制度，加大继续教育经费投入，包括对从业人员建立带薪学习假，个人终身学习账户，完善企业继续教育经费投入激励制度，等等。要充分调动社会的教育积极性，大力开发社会的教育资源。

2. 全面提高各级教育参与率和普及水平

人力资源强国建设以各级教育的普遍参与、广泛普及为基础，我国要继续着力提高各级教育的参与率。全面普及学前教育，到 2030 年使学前三年毛入园率达到 90%，积极发展婴幼儿保育，为更多儿童提供高质量的早期教育与发展的机会；延长义务教育年限，巩固提高义务教育质量水平，为人力资源开发奠定更加坚实的通用能力基础；全面普及高中阶段教育，将毛入学率提高到 98% 左右，提升劳动年龄人口人均受教育年限和基本素质，为人力资源深度开发创造更好条件；适应经济结构、产业结构、职业结构与技能结构的变化，提升职业教育与培训的针对性和质量，增强职业教育吸引力，全面提高新增劳动力的技能水平；积极推进高等教育的普及化和多样化，使毛入学率提高到 55%，加强创新型和应用型高层次人才培养；大力发展继续教育，提高从业人员和非从业人员的继续教育参与率；新增劳动年龄人口人均受教育年限提高到 14 年；20～59 岁主要劳动年龄人口人均受教育年限提高到 12.5 年，其中受过高等教育的比例达到 32%。

3. 实现更加包容和公平的教育

实现更加包容和公平的教育有助于挖掘与开发每个人的潜能，促进人力资源的深度与充分开发，做大人才的蓄水池。促进教育的包容和公平，缩小各级教育中的城乡、区域和人群差距，将有效提升薄弱地区和弱势人群的教育水平，有力提高我国人力资源开发的整体水平。充分发挥公共教育服务的主导作用，增强教育的公益性和普惠性。健全覆盖城乡、服务全民的公共教育服务体系，实现基本公共教育服务均等化，拓展教育公共服务的领域，提升对弱势人群的教育权利保障水平。在农村地区增加普惠性学前教育的供给，实现区域、城乡义务教育优质均衡发展，实现迁徙、流动人口子女就学升学过程中的公平，健全家庭经济困难学生资助体系，关注每个学生的发展，不让一个学生掉队。全面推进特殊教育、融合教育，实现残疾人教育全覆盖。

4. 全面提高教育质量

从人力资源大国迈向人力资源强国的关键是提升人力资源开发质量，使我国教育质量的国际竞争能力显著增强。全面提高教育质量，就要按照立德树人根本任务的要求，促进受教育者在德智体美劳诸方面的全面发展，促进受教育者思想道德素质、科学文化素质和健康素质的全面提高。着力加强对受教育者综合素质、核心素养与能力的培养，特别是学习能力、思考能力、解决问题能力、创新能力、实践能力、信息技术能力、社会技能与合作能力、国际交往能力等未来社会迫切需要的能力的培养等。按照提高综合素质和核心素养与能力的要求，建立健全教育质量标准体系，完善各级各类教育的标准。创新人才培养方式，推行探究式学习、参与式学习、合作式学习、融合式学习和实践学习等教学方式，着力增强学生的创新精神与实践能力的培养。建立更加科学的教育质量评价与监测机制，为全面提高教育质量提供有力支持。

5. 形成现代教育治理体系和治理能力

全面构建与教育现代化和教育强国相适应的充满活力、富有效率、更加开放、统筹协调、广泛参与的现代教育治理体系。健全教育法律法规体系，尽快制定终身学习促进法等，健全教育法律实施与执法监督规范，提高教育法治化水平。创新教育管理模式，提升教育管理服务水平，加强教育部门与其他相关业务部门、教育部门内不同行政部门的统筹协调，提高教育管理效能。完善学校治理结构，增强学校自主管理能力。建立健全社会参与学校管理的机制，推动社会参与教育治理。创新教育公共服务提供方式，充分调动社会力量兴办教育事业，促进公办教育与民办教育优势互补。

6. 建设高等教育强国，提升高层次人才培养与创新能力

建设高等教育强国对于战略性人力资源开发具有重要意义。积极推进高等教育的普及化和多样化发展，完善高等学校分类管理政策体系，优化高等学校类型结构，引导不同类型高校科学定位、特色发展。加强世界一流高等学校和学科建设，加强战略性人力资源开发，提高创新人才特别是拔尖创新人才培养质量，加大应用型、复合型人才培养，保持并扩大我国在科学家与工程师培养方面的优势。全面提升高等学校的原始创新能力，加强应用基础研究能力，增强其在知识创新、理论创新和技术创新中的贡献。创新科研体制，激发高等学校与科研机构的创新活力，促进科技成果转化。加快发展高等职业教育，适应产业变化和高技能人才需求变化，优化职业教育结构与布局，推动职业教育与产业发展的深度融合，加强高技能人才培养。

积极推进高等教育向普及化阶段发展，对于我国保持高层次人才培养数量上的优势，特别是科学家与工程师培养规模上的优势具有重要意义。2015 年，我国高等教育毛入学率达到 40%，提前 5 年实现了《国家中长期教育改革和发展规划纲要（2010—2020 年）》提出的 2020 年高等教育毛入学率 40% 的目标，这已超过了中高收入国家的平均水平。[①] 根据相关统计，2015 年我国高等教育学龄（18～22 岁）人口为 9055 万人，高校在学总规模为 3647 万人；据此预测 2020 年高等教育学龄（18～22 岁）人口为 7581 万人，按毛入学率 50% 推算，高校在学总规模应为 3790 万人，与 2015 年高校

---

① 董洪亮，张烁，丁雅诵. 中国高等教育毛入学率达 40% 提前 5 年实现目标［EB/OL］. （2016 - 01 - 16）. http://www.xinhuanet.com/politics/2016 - 01/16/c_ 128634258.htm.

在学总规模仅有 143 万人的差距。换言之,到 2020 年,高校在学总规模仅需增加 143 万人,就可实现毛入学率 50% 的目标(参见表 5-3)。因此,我国高等教育发展的重心应放在提升教育质量和增强其对战略性人力资源开发的贡献上。

表5-3 2015—2020 年中国高等教育学龄人口与毛入学率预测

年份	学龄(18~22 岁)人口/万人	学龄人口进入退出比/%	入学人口规模/万人		
			低预测(40%)	中预测(45%)	高预测(50%)
2015	9055	100.0	3622	4075	4528
2016	8661	95.6	3464	3897	4331
2017	8265	91.3	3306	3719	4133
2018	7969	88.0	3188	3586	3985
2019	7762	85.7	3105	3493	3881
2020	7581	83.7	3032	3411	3791

来源:基础数据由上海教育科学研究院提供,学龄人口进入退出比和入学人口规模由本课题组预测。

第六章　建设人力资源强国的政策建议

人力资源是社会发展的第一资源，是经济增长的第一动力，人力资源开发是公共产品供给的第一要求。投资于人就是投资于未来。中国是一个人力资源大国和教育大国，要把人力资源大国转变为人力资源强国，关键在于要在教育大国的基础上建设教育强国。本章基于前面的分析，对未来 15 年我国如何建设教育强国，如何在已有基础上促进教育发展和深化教育改革提出一些战略建议。

一、构建包容、灵活、开放的终身学习体系

终身学习体系是有机联系的各级各类教育和学习的总和，包含了教育和学习的所有子系统——学前教育、学校教育以及社会教育和继续教育等。终身学习体系是学习型社会的基石。构建终身学习体系是教育体系现代化发展的必然要求，也是持续开发人力资源的必然要求。我国要建设学习型社会，建设人力资源强国，提高国民素质、能力与技能，就要构建有中国特色的终身学习体系。终身学习体系在纵向上注重各个阶段教育（包括学校教育和成人教育）的连续性和一贯性，在横向上注重各类教育的沟通整合，注重教育和学习在时间、空间、内容和技术上的灵活性和多样性。①

（一）促进各个阶段教育的纵向衔接与整合

促进人生各个阶段——婴儿期、幼儿期、儿童期、少年期、青年期、成年期、老年期的教育和学习的纵向整合与衔接，实现各个阶段教育和学习的有效衔接与贯通。基础教育阶段要注意激发学生的学习兴趣，培养学生终身学习的能力，使学生掌握学习的方法，为终身学习做好准备。加强继续教育与学校教育的沟通，做好职前教育与职后教育的衔接，使学习者适应人生不同阶段的角色转换，为之提供必要的终身学习机会和资源。加强老年教育，满足老年人终身学习的需求，开发老年人力资源。

（二）促进教育包容与开放，为全民学习提供有力支撑

增强教育的全纳性、开放性和公平性，面向全民，为所有人提供发挥自身潜能的机会，以实现可持续的未来，过上有尊严的生活。② 优先满足弱势人群的终身学习需求，特别是为低学历、低技能、低收入人群，为农村居民、流动人口、残疾人、老年

---

① ALBERT TUINMAN, ANN-KRISTIN BOSTRÖM. Changing notions of lifelong education and lifelong learning ［J］. International review of education，2002，48（1）：93－110.

② 联合国教科文组织. 反思教育：向"全球共同利益"的理念转变 ［M］. 巴黎：联合国教科文组织，2015.

人等提供必要的学习支持服务。

（三）促进教育和学习的多样化，实现全方位学习

重视正规教育作用的同时，也要重视非正规教育和非正式学习的作用，实现正规教育、非正规教育和非正式学习并重、互补与融通。实现更加流畅的一体化学习方法，让正规教育机构与其他非正规教育机构开展更加密切的互动，而且这种互动要从幼儿阶段开始，延续终身。学习空间、时间和关系的变化有利于拓展学习空间网络，让非正规教育和非正式学习与正规教育相互影响，相互补充。① 促进正规教育与非正规教育和非正式学习的沟通衔接，必须加快建设非正规教育与非正式学习成果的认定、转换和积累的相关制度，建设学分银行，实现学历教育与非学历教育、职前教育与职后教育、学校教育与职业培训成果的沟通衔接，从而构建终身学习与人才成长的立交桥，拓宽终身学习通道。

二、加强基础教育，夯实人力资源开发的基础

（一）加快普及学前教育，促进幼儿健康快乐成长

提高学前教育公共服务水平，健全以公办园、普惠性民办园为主要办学形式，部分时间制等非正规学前教育为辅的学前教育服务体系。加大学前教育财政投入，实现学前三年免费教育。创新学前教育内容与方法，寓教于玩，寓教于乐，全面普及科学育儿知识，优化社会早教环境，促进幼儿健康快乐成长。将 0~3 岁婴幼儿保育和早期教育纳入公共卫生和公共教育服务体系。

（二）实现义务教育优质均衡发展，夯实素质教育基础

以立德树人为根本任务，全面提高义务教育质量，全面提升学生德智体美劳各方面素质。加大义务教育标准化、均衡化发展力度，基本消除义务教育办学条件上的城乡差距、区域差距和校际差距。在城镇化迅速发展背景下合理规划学校布局，打造适合学生发展的、友好的校均规模和班额，关注中小规模学校，实施小班化教学，确保适龄儿童、少年接受公平优质的义务教育。统筹安排户籍人口与常住人口接受义务教育，实现基本教育公共服务常住人口全覆盖，保障随迁子女在流入地接受义务教育的权利。把义务教育均衡发展的关注重点从办学条件等转向教育教学过程、质量和产出，促进义务教育结果的公平，延长义务教育年限至 12 年。

（三）全面普及高中阶段教育，为可持续发展奠定基础

将高中阶段教育纳入义务教育范围，实现全面普及。创新普通高中办学模式，从面向应试的教育转向面向素质的教育，在符合高中教育培养目标和基本质量要求的前提下，支持学校在办学理念、教育环境、课程体系、教育教学方式和教育评价等方面形成特色，实现办学模式多样化。积极发展特色学科高中、普职混合高中等不同类型

---

① 联合国教科文组织. 反思教育：向"全球共同利益"的理念转变［M］. 巴黎：联合国教科文组织，2015.

学校，实现学校类型多样化。面向成人学习者提供非正规、非全日制的高中教育机会，满足更多人群的高中教育需求，实现办学方式多样化。加强生涯教育，引导学生科学认识与规划未来生活。

（四）加强核心素养与能力培养，全面提升学生综合素质

坚持以立德树人为根本任务，培养学生确立社会主义核心价值观，形成良好的行为习惯、公民素养、人格品质和理想信念。强化体育和心理健康教育，培养学生良好的运动习惯和健康生活方式，引导学生养成积极健康的心理品格。深化课程和教育教学改革，加强学生创新精神和实践能力的培养。加强审美和艺术教育，培养学生的艺术特长和爱好，提高审美修养。优化课程结构，增强课程选择性，为学生提供更多自主发展的空间。改革教学方法，积极开展启发式学习、体验式学习、参与式学习、探究式学习与综合实践式学习，创设个性化学习环境，加强教学的针对性。完善教育质量评价，建立体现素质教育要求、以学生发展为核心、科学多元的中小学教育质量评价制度。遵循学生身心发展规律和教育教学规律，综合考查学生全面发展情况，强化评价的引导、诊断、反馈和激励功能，提高评价的专业化水平，推动形成良好的育人环境。

三、健全现代职业教育体系，全面提升技能开发水平

（一）完善现代职业教育体系，优化职业教育布局

适应经济社会发展和产业升级的需要，优化职业教育体系结构和布局，增强职业教育的针对性，培养适应社会需要的技能人才，建设技能强国。探索多种形式的高中阶段职业教育，探索普通教育与职业教育的多样化组合方式，如"2＋1"（2年普通高中加1年职业技能培训）和"3＋X"（以普通高中毕业生为对象的短期职业培训）的教育形式。优化职业教育层次结构，统筹高中阶段和高中之后的职业教育发展，适应高中阶段教育的全面普及，将职业教育的重心向高中后阶段转移。优化职业院校布局和专业设置，提高职业教育面对传统制造业转型升级、新兴技术不断涌现和职业岗位不断调整的适应能力和服务能力。

（二）创新技能人才培养模式，培养高素质技能人才

为培养具备职业道德、职业技能和工匠精神的高技能人才，以适应现代制造业和现代服务业对高素质、创新型、复合型技能人才的需要，积极探索产教融合、工学结合的技能人才协同培养新模式。适应生产工艺流程自动化、智能化、扁平化的需要，加强学生综合能力、应变能力、团队合作能力的培养。搭建高技能人才成长立交桥，促进产教结合、工学交替。积极发展学校教育与职场实践学习相结合的双元制、现代学徒制等办学模式。积极开展技能型人才非正规学习成果的认定、转换与积累，畅通职业人才培养通道。完善职业教育管理体制和办学体制，加强技能人才培养中的部门协作与统筹协调，支持产教深度融合，加强职业院校与行业企业、科研部门等在招生

就业、培养方案、教学内容、教学手段、评价方式等方面进行深度合作。

（三）全面提升职业教育质量和国际影响力

加强职业院校师资队伍培养培训，建设专兼结合的职业教育师资队伍。改革职业学校的教师资格和聘用制度，为具有实际工作经验的专业技术人员和管理人员进入职业院校当教师创造条件；建立和完善吸收企业工程技术人员、技术技能人才到职业院校兼职从教的机制；培育一批具有中国特色、国际影响力的示范性职业院校，引领我国职业教育的改革与发展，带动我国职业教育质量的整体提升；结合"一带一路"倡议的实施，积极探索职业教育"走出去"办学的道路。

四、建设高等教育强国，提升国际竞争力

（一）全面提升高等教育质量

实现高校人才培养、科学研究与社会服务等各项职能的协调发展，实现高等教育人才培养和科技创新能力显著提升。积极推进高等教育向普及化阶段发展，同时着力推进内涵式发展，提升高等教育质量。继续加强世界一流大学和一流学科建设，争取有更多所大学进入世界一流大学行列，更多学科进入世界一流学科行列，同时带动我国高等教育质量的整体提升。

（二）实现规模、结构、质量、效益协调发展

形成有助于高校分类发展、特色发展的制度环境与政策体系，完善高校评估机制，推动高等学校多样化、特色化发展，使每所高校都能在各自定位上办出水平、办出特色。实现学术型与应用型、综合性与行业性、本科与专科等不同类型高校的协同发展，实现国办、省办与市办高校的协同发展。加快推进地方本科院校向应用型高校转型，更好地服务于地方经济社会发展需要。创新高等学校科研体制，全面加强高等学校科学研究能力建设，加强应用基础研究，推动产学研合作，激发创新活力和促进科技成果转化，全面提升高等学校在知识创新、科技创新上的贡献。

（三）创新高校人才培养模式，加强拔尖创新人才培养

增强高校人力资源的开发能力和高层次人才的培养能力，加强应用型、复合型、技术技能型人才培养。扩大学生对专业和课程的选择范围，促进学生知识与能力结构的多样化、个性化发展。着力增强大学生的社会责任感、创新意识和实践能力。改革人才培养、引进、使用等机制。改进研究生培养模式，加强对其创新能力的培养，努力造就一批具有世界水平的科学家、科技领军人才、工程师和高水平创新团队。

（四）完善高等教育治理体系

优化高校内部治理结构，完善高校"党委领导、校长负责、教授治学"的治理体系，实现政府依法管理高校，高等院校依法自主办学，校内依章程实施治理，激发高校的办学与创新活力。

五、健全继续教育体制机制，促进全民终身学习

提供更公平、更高质量的继续教育，满足全民多样化的终身学习需求，为人人皆学、时时能学、处处可学的学习型社会和国家现代化建设提供更加有力的支撑。

（一）大力发展从业人员职业培训

为适应我国现代化建设、经济社会转型及产业升级对从业人员的知识、能力提出的新要求，政府与企业密切合作，健全终身职业能力开发体系，增加职业培训的机会，提升职业培训的质量。提升公共职业培训的针对性和效率，优先满足弱势人群的职业培训需求。加大对企事业单位职工教育特别是中小企业职工培训的激励和支持力度，引导和规范培训市场健康发展。以增强从业者的职业能力，特别是创新创业能力、解决问题能力、应对变化能力为主要目标，优化职业培训模式，提升从业人员继续教育和培训的实效性。

（二）大力提高学历继续教育质量

积极发挥以业余和远程等开放教育为主要方式的学历继续教育在高等教育大众化和应用型、复合型人才培养上的作用，努力提高其人才培养质量。结合成人学习的特点和优势，通过正规教育与非正规教育相结合、线上线下教育相融合、学习和工作相配合的学习策略，加强学习者综合素质和职业能力的培养。完善学历继续教育质量保障体系，统一学历继续教育质量标准。依托现代信息技术，促进继续教育资源共享。建立知识与能力并重的学习成果评价机制，构建国家资历框架。建立非正规、非正式学习成果的认定、转换、积累制度，建立学分银行和个人终身学习账户。促进不同类型教育学习成果的沟通衔接，满足人们对高等教育机会的多样化需求。

（三）全面加强社会教育和城乡社区教育

重视社会教育和社区教育在提高国民素质和人力资源开发方面的重要作用，着力推进社会教育与社区教育。推广学习型城市试点及社区教育实验区建设的经验，以基础设施和基本制度建设为重点，全面推进社区教育基础能力的建设。完善社区教育公共服务体系，健全城乡社区教育网络，特别是农村社区教育设施。增强社区居民自主学习、自我教育的能力。着力加强老年教育，满足老年人的继续学习需求，注重开发老年人力资源。

（四）加强对弱势人群继续教育的支持

重视继续教育在促进教育和社会公平方面的重要作用，加强对薄弱环节和弱势人群继续教育的支持，努力缩小继续教育中城乡、区域、行业、企业及人群差距，公共继续教育资源向低学历、低技能、低收入人群，向农民工、失业者、残疾人等倾斜。大力加强农村转移劳动力的培训和农村继续教育。在农村地区，以建设学习型乡村为抓手，统筹学校教育、继续教育、农业技术推广、农村文化普及等现有资源，构建农村继续教育公共服务网络。

（五）完善继续教育的治理

加快国家终身学习立法进程，明确继续教育利益相关者的权利、责任和义务。建立政府统筹、分工合作、多元参与、协调一致的继续教育管理统筹协调机制，统一政策，统筹资源，形成合力。完善继续教育激励机制，建立带薪学习假、继续教育培训券等制度。建立继续教育监测评估机制，提高社区治理能力。健全社区教育投入保障机制，增加社区教育财政投入并纳入财政预算。完善多渠道经费筹措和成本分担机制，鼓励社会团体、组织及个人捐资以加强社区教育，激发城乡社区教育活力。提升社区教育工作者的专业化水平，设立社区教育指导员专业岗位，明确其职业能力标准，加强专业人员培养培训工作。

六、促进城乡和区域教育与人力资源的均衡发展

提高我国人力资源开发能力的重要战略任务是缩小城乡和区域在教育和人力资源开发上的差距，促进均衡发展。紧密结合国家区域协调发展战略和乡村振兴战略，推进城乡和区域教育的整体改革和健康发展。

（一）促进区域教育一体化发展

以城市群、城市圈和城市带为引领，促进跨区域教育协作共同体的建设和发展，形成区域教育一体化发展机制，促进中西部区域教育加快发展。结合"一带一路"倡议，促进"一带一路"沿线省份间的教育合作。充分发挥东部地区对"一带一路"沿线西部省份教育发展的带动作用，充分发挥北京、上海、天津以及西安等城市在促进区域教育协同发展中不可替代的龙头作用，加大西部地区和东部地区在教育与人力资源开发方面的合作。推进长江经济带沿线东、中、西部省份间的教育合作，促进教育与人力资源开发中的资源共享和协同发展。鼓励沿线不同省份的高等院校根据各自学科专业优势开展战略合作，聚焦区域经济社会发展重大战略问题，实施产学研深度协同合作，提升区域教育服务区域经济社会发展的能力。

（二）全面促进贫困地区教育与人力资源开发

支持贫困地区发展教育，面向农村贫困人口实施"教育精准扶贫计划"：为每个孩子提供均等化的基本公共教育服务，不让一个孩子因家庭贫困而失学；加强贫困地区成人基本教育，扫除功能性文盲，提升他们读、写、算的能力；为贫困人群提供技能培训，帮助他们提高技能，增强他们脱贫致富的能力。

推进以人为核心的城镇化进程，加强城镇新增劳动力、农村转移劳动力、城市失业转岗人员的技能培训。适应推进农业现代化的需要，培养一大批掌握现代农业技术和农产品营销技能的职业农民，培育亿万有文化、懂技术、会经营的新型农民。

促进民族地区教育实现跨越发展。通过实现基本公共教育服务均等化，使民族地区基本教育的办学条件达到全国平均水平，缩小民族地区学前三年毛入园率、九年义务教育巩固率、高中阶段教育毛入学率等指标与全国平均水平的差距。继续加大中央

财政对民族地区教育的支持力度，率先在民族地区实施免费的学前教育和高中阶段教育。结合民族地区产业提升需求，大力发展民族地区职业教育，基本实现人人有技能、人人能就业的目标。

七、全面提升教师队伍的专业化水平

教师是教育的第一资源，是发展教育事业的关键所在，[①] 教师是教育大厦的基石。高质量的教育需要高素质的教师队伍支撑。

（一）实现教师角色转变

教师要胜任教育教学工作，首先自身必须是一个终身学习者，要从教育者向学习者转变，通过持续学习不断更新知识，增强能力。教育教学改革离不开教师的参与，要鼓励教师成为教改的积极参与者甚至组织者、引领者，促使教师从知识传播者向能力培育者转变。

（二）完善教师资格体系，深化教师教育改革

提高教师起点学历要求，严格教师准入制度。构建开放的教师教育体系，拓宽教师培养渠道，促进教师知识结构和能力结构多样化。加强小学全科教师培养，加强本科和研究生阶段的教师培养。加强具有实际工作经验和实践能力的"双师型"教师聘用和培养力度。强化新任教师实习环节，帮助新任教师尽快胜任工作。加强教师继续教育，促进教师专业发展。继续提高教师作为专业技术人员的地位和待遇，吸引更多优秀人才从事教师工作。

（三）全面提升教师队伍的素质与能力

深入实施"卓越教师培养计划"，努力培养一支有理想、有道德、有情操、有学识、有能力的教师队伍。加强师德师风建设，加强教师能力培养，使教师适应人才培养方式和教学模式转变。提升加强教师实施启发式、探究式、参与式教学及走班制、选课制等教学组织模式的能力。增强教师培养学生创新精神与实践能力的自觉性和实操能力。落实国务院印发的《乡村教师支持计划（2015—2020年)》，努力造就一支素质优良、甘于奉献、扎根乡村的教师队伍。开阔教师的国际视野，促进中小学教师的国际交流，培养教师在多元文化背景下的发展能力和创新能力。

八、进一步加大教育与人力资源开发投入力度

我国要建设教育强国和人力资源强国，就需要在公共教育经费占 GDP 比例实现4%的基础上进一步加大教育与人力资源投入力度。

（一）继续加大公共教育经费投入力度

完善以政府投入为主、多渠道筹集经费的体制，特别是保证公共教育经费投入持

---

① 习近平：教师是教育的第一资源［EB/OL］．（2007－09－08）．http：//politics. people. com. cn/BIG5/6235651. html.

续稳定增长的长效机制，确保公共教育经费投入持续增长。依法落实各级政府的公共教育经费支出责任。公共教育经费占 GDP 比例应不低于国际平均水平，要在实现 4% 之后继续有所提高。2020 年公共教育经费占 GDP 比例应达到 4.5%，2030 年应达到 5% 的水平。[①] 公共教育经费占政府公共财政支出的比例应尽快提高到 15% 以上。同时要优化公共教育经费使用结构，加强公共教育经费投入绩效管理，全面提高公共教育经费使用效益。

（二）实现教育投入标准化

要根据国家办学条件基本标准、教育教学基本需要和物价上涨等因素，尽快确定国家各级学校生均教育经费的基本标准，形成幼儿园、小学、初中、高中、大学等完整的生均教育经费标准体系。各地要根据国家办学条件基本标准和教育教学基本需要，制定并逐步提高区域内各级学校生均教育经费的基本标准和学生人均公共教育拨款基本标准。

（三）完善多渠道教育经费筹措体制，支持社会力量兴办教育

完善国家、社会和受教育者合理分担非义务教育培养成本的机制。扩大社会资源进入教育的途径，通过 PPP（Public Private Partnership，即政府和社会合作）模式，政府与社会资本建立长期合作关系，通过项目融资、特许经营、政府购买服务等方式，实现风险共担、互利共赢。扩大政府购买服务范围，对受政府委托承担学前教育、义务教育和高中阶段教育的非营利性民办学校，按同类公办学校生均教育经费的标准予以补助。

（四）建立与全民终身学习相适应的教育经费保障体系

建立与全民终身学习相适应的教育经费保障体系，实现政府、社会、用人单位、学校、个人或家庭等利益相关者学习成本的合理分担。继续完善企事业单位按员工工资总额的 1.5%～2.5% 提取职工教育资金的制度，并且科学使用职工教育培训经费。加强对城乡居民参与公共教育和培训服务的支持，鼓励居民参与终身学习。

（五）加强对贫困地区学校和家庭经济困难人群的教育资助

加强对农村地区、贫困地区、民族地区教育的公共财政支持，着力缩小办学条件的区域差距和城乡差距，并争取率先在这些地区实现免费教育。完善国家资助政策体系，实现对各级教育中家庭经济困难的学生的资助全覆盖。

九、深入推进教育对外开放

（一）做好留学工作，提升留学质量

落实"留学中国计划"，实现《留学中国计划》中提出的目标，争取到 2020 年全年在内地高校及中小学校就读的外国留学生的规模达到 50 万人次，使中国成为亚洲最

---

① 2010 年经济合作与发展组织国家公共教育经费占 GDP 比例平均为 5.9%。

大的留学目的地国家。同时，优化来华留学生专业、国别结构，加强来华留学生教育的质量保障。

（二）推进教育对外交流与合作

扩大中国同外国的学历学位互认，支持中外大学间的教师互派、学生互换、学分互认和学位互授、联授。加强与联合国教科文组织等国际组织和多边组织的合作。加强同"一带一路"沿线国家之间的教育交流与合作，更好地发挥教育在人文交流中的桥梁作用和催化作用。加强"一带一路"倡议下的区域教育中心建设，并以其为依托，扩大对周边国家的辐射作用。积极应对教育服务贸易的扩大和教育要素国际流动的增加，在发挥其积极作用的同时有效规避风险。

（三）加强国际化人才培养

为适应实施"一带一路"倡议和积极参与全球治理以及支持重大海外项目的需要，中国向其他发展中国家提供 12 万人次来华培训名额和 15 万个奖学金名额，以适应为其他发展中国家培养 50 万名职业技术人员的需要，加大国际化人才培养力度。要加快培养一支外语好、思想过硬、专业知识丰富、国际交往能力强的国际化人才队伍，要转变国际化人才培养模式，实现人才专业背景的多样化。培养适应"一带一路"建设所需要的国际化人才。

（四）全面参与全球教育治理

作为世界第二大经济体和联合国教科文组织的主要出资者，中国应更加积极地参与全球教育治理，在全球教育治理中承担更多的国际责任。中国要积极参与全球教育公共政策和国际教育规则、标准、评价体系的制定，同时也要向世界分享中国教育改革和发展的成功经验，为国际教育问题的解决提供中国方案。

（五）积极参与国际教育质量评估

参与 PISA 等国际教育质量评估项目和各种国际教育专业认证，有助于通过国际比较来判断我国的教育质量状况，对发现我国教育的优缺点并提出有针对性的教育改革策略和建设中国特色、国际一流的教育具有重要意义。我国应积极参与国际教育质量评估项目，充分运用评估结果来深化教育改革，促进我国教育质量的提升。

附录　样本国家人力资源竞争力指数相关数据

一、人力资源竞争力指数及排名

国家	2000 年		2005 年		2010 年		2012 年	
	指数	排名	指数	排名	指数	排名	指数	排名
美国	0.891	1	0.888	1	0.892	1	0.883	1
英国	0.815	5	0.830	2	0.831	2	0.820	2
澳大利亚	0.804	7	0.807	9	0.822	7	0.818	3
韩国	0.797	10	0.809	7	0.823	6	0.818	4
日本	0.849	2	0.830	3	0.824	5	0.817	5
法国	0.826	4	0.825	4	0.826	3	0.816	6
德国	0.828	3	0.824	5	0.825	4	0.815	7
丹麦	0.796	11	0.808	8	0.817	8	0.813	8
挪威	0.802	9	0.809	6	0.813	9	0.805	9
新西兰	0.777	12	0.790	12	0.808	10	0.803	10
荷兰	0.776	13	0.789	13	0.805	11	0.801	11
以色列	0.803	8	0.794	11	0.801	12	0.796	12
瑞典	0.812	6	0.799	10	0.796	13	0.789	13
中国	0.701	27	0.728	25	0.769	21	0.784	14
爱尔兰	0.758	19	0.776	14	0.792	14	0.777	15
瑞士	0.773	14	0.774	15	0.775	17	0.773	16
俄罗斯	0.731	23	0.754	21	0.773	19	0.771	17
奥地利	0.772	15	0.767	17	0.777	16	0.769	18
比利时	0.761	17	0.757	20	0.770	20	0.768	19
芬兰	0.762	16	0.772	16	0.773	18	0.766	20
西班牙	0.755	20	0.764	19	0.778	15	0.765	21

（续表）

国家	2000 年		2005 年		2010 年		2012 年	
	指数	排名	指数	排名	指数	排名	指数	排名
巴西	0.697	28	0.718	26	0.759	23	0.758	22
阿根廷	0.730	24	0.709	29	0.746	26	0.755	23
意大利	0.758	18	0.767	18	0.768	22	0.755	24
波兰	0.735	22	0.743	23	0.755	24	0.748	25
冰岛	0.744	21	0.754	22	0.753	25	0.740	26
捷克	0.704	26	0.730	24	0.742	27	0.738	27
土耳其	0.644	41	0.682	34	0.726	30	0.729	28
马来西亚	0.654	38	0.678	35	0.722	31	0.727	29
斯洛文尼亚	0.716	25	0.717	27	0.731	28	0.724	30
墨西哥	0.671	33	0.694	33	0.714	34	0.717	31
葡萄牙	0.694	29	0.702	30	0.729	29	0.716	32
乌克兰	0.664	36	0.699	31	0.716	33	0.710	33
斯洛伐克	0.686	31	0.695	32	0.720	32	0.708	34
匈牙利	0.693	30	0.716	28	0.711	35	0.704	35
南非	0.669	34	0.671	38	0.696	39	0.700	36
智利	0.656	37	0.668	39	0.697	38	0.699	37
哈萨克斯坦	0.638	42	0.664	40	0.698	37	0.697	38
哥斯达黎加	0.603	49	0.605	50	0.687	41	0.695	39
立陶宛	0.676	32	0.674	37	0.703	36	0.692	40
泰国	0.651	40	0.649	44	0.661	47	0.685	41
突尼斯	0.628	45	0.654	43	0.681	43	0.678	42
罗马尼亚	0.653	39	0.677	36	0.693	40	0.676	43
哥伦比亚	0.618	47	0.635	47	0.670	45	0.675	44
克罗地亚	0.665	35	0.663	41	0.684	42	0.668	45
塞浦路斯	0.619	46	0.660	42	0.671	44	0.665	46
拉脱维亚	0.632	44	0.643	45	0.666	46	0.659	47
埃及	0.634	43	0.630	48	0.648	49	0.650	48
印度	0.596	50	0.610	49	0.645	50	0.650	49

（续表）

国家	2000 年		2005 年		2010 年		2012 年	
	指数	排名	指数	排名	指数	排名	指数	排名
保加利亚	0.617	48	0.638	46	0.649	48	0.643	50
印度尼西亚	0.586	51	0.596	51	0.630	51	0.640	51
斯里兰卡	0.574	52	0.586	52	0.609	52	0.601	52

二、一级指标指数及排名

1. 人力资源规模结构指数及排名

国家	2000 年		2005 年		2010 年		2012 年	
	指数	排名	指数	排名	指数	排名	指数	排名
中国	0.758	1	0.848	1	0.834	1	0.835	1
印度	0.684	4	0.666	3	0.701	2	0.728	2
巴西	0.675	5	0.664	4	0.667	3	0.687	3
泰国	0.674	6	0.668	2	0.650	4	0.659	4
印度尼西亚	0.690	2	0.650	6	0.634	6	0.657	5
马来西亚	0.560	14	0.580	10	0.625	7	0.651	6
俄罗斯	0.597	8	0.644	7	0.640	5	0.641	7
韩国	0.688	3	0.657	5	0.620	8	0.626	8
墨西哥	0.582	11	0.546	18	0.581	14	0.613	9
土耳其	0.589	10	0.570	14	0.583	13	0.606	10
哥伦比亚	0.572	12	0.559	16	0.584	12	0.605	11
突尼斯	0.536	16	0.575	12	0.594	10	0.602	12
南非	0.612	7	0.595	8	0.585	11	0.596	13
哈萨克斯坦	0.555	15	0.589	9	0.596	9	0.596	14
哥斯达黎加	0.478	28	0.517	23	0.552	16	0.576	15
埃及	0.523	19	0.528	20	0.550	17	0.567	16
智利	0.514	21	0.527	21	0.547	18	0.563	17
波兰	0.532	17	0.574	13	0.567	15	0.563	18
美国	0.563	13	0.558	17	0.539	19	0.543	19

（续表）

国家	2000 年		2005 年		2010 年		2012 年	
	指数	排名	指数	排名	指数	排名	指数	排名
乌克兰	0.516	20	0.521	22	0.520	22	0.539	20
斯洛伐克	0.496	22	0.560	15	0.537	20	0.534	21
斯里兰卡	0.596	9	0.576	11	0.528	21	0.522	22
阿根廷	0.490	24	0.469	27	0.484	24	0.505	23
罗马尼亚	0.524	18	0.529	19	0.495	23	0.497	24
塞浦路斯	0.421	36	0.462	28	0.468	25	0.478	25
澳大利亚	0.469	29	0.453	29	0.453	27	0.453	26
捷克	0.481	25	0.515	24	0.462	26	0.435	27
西班牙	0.495	23	0.491	25	0.438	28	0.423	28
爱尔兰	0.454	31	0.473	26	0.419	29	0.408	29
立陶宛	0.372	44	0.385	35	0.391	32	0.403	30
匈牙利	0.411	38	0.424	30	0.394	30	0.397	31
英国	0.429	33	0.416	31	0.393	31	0.393	32
以色列	0.408	39	0.353	44	0.353	36	0.368	33
新西兰	0.386	42	0.377	40	0.361	34	0.364	34
瑞士	0.389	41	0.376	42	0.351	37	0.358	35
法国	0.423	34	0.377	41	0.356	35	0.354	36
荷兰	0.455	30	0.412	32	0.361	33	0.349	37
德国	0.480	26	0.395	34	0.329	41	0.334	38
奥地利	0.399	40	0.378	39	0.327	42	0.332	39
葡萄牙	0.423	35	0.378	38	0.332	39	0.331	40
挪威	0.332	50	0.314	46	0.321	43	0.328	41
斯洛文尼亚	0.416	37	0.401	33	0.332	40	0.324	42
保加利亚	0.376	43	0.384	36	0.335	38	0.323	43
意大利	0.435	32	0.363	43	0.320	44	0.314	44
冰岛	0.305	51	0.289	52	0.299	46	0.306	45
比利时	0.338	49	0.299	50	0.303	45	0.301	46
克罗地亚	0.354	46	0.308	48	0.286	48	0.292	47

（续表）

国家	2000 年		2005 年		2010 年		2012 年	
	指数	排名	指数	排名	指数	排名	指数	排名
拉脱维亚	0.344	48	0.332	45	0.281	49	0.280	48
瑞典	0.301	52	0.290	51	0.287	47	0.278	49
丹麦	0.362	45	0.310	47	0.271	52	0.269	50
芬兰	0.349	47	0.303	49	0.273	51	0.257	51
日本	0.479	27	0.384	37	0.277	50	0.250	52

2. 人力资源开发质量指数及排名

国家	2000 年		2005 年		2010 年		2012 年	
	指数	排名	指数	排名	指数	排名	指数	排名
美国	0.916	2	0.912	1	0.921	1	0.919	1
日本	0.919	1	0.909	2	0.913	2	0.911	2
德国	0.821	7	0.861	4	0.890	3	0.897	3
韩国	0.760	13	0.826	8	0.873	4	0.883	4
英国	0.832	4	0.868	3	0.870	5	0.868	5
澳大利亚	0.836	3	0.841	5	0.857	6	0.865	6
以色列	0.826	6	0.831	7	0.853	7	0.855	7
法国	0.797	9	0.808	10	0.837	8	0.840	8
挪威	0.796	10	0.815	9	0.820	9	0.826	9
丹麦	0.737	16	0.789	12	0.813	11	0.819	10
瑞典	0.829	5	0.837	6	0.818	10	0.817	11
荷兰	0.765	11	0.780	14	0.790	12	0.800	12
瑞士	0.802	8	0.795	11	0.790	13	0.791	13
芬兰	0.738	15	0.783	13	0.778	14	0.780	14
新西兰	0.760	12	0.762	15	0.777	15	0.778	15
奥地利	0.709	18	0.726	20	0.762	16	0.767	16
比利时	0.737	17	0.742	18	0.758	17	0.762	17
捷克	0.691	23	0.758	16	0.746	20	0.758	18
俄罗斯	0.745	14	0.746	17	0.754	19	0.757	19

（续表）

国家	2000 年		2005 年		2010 年		2012 年	
	指数	排名	指数	排名	指数	排名	指数	排名
西班牙	0.707	19	0.731	19	0.757	18	0.756	20
爱尔兰	0.702	21	0.722	21	0.737	22	0.746	21
意大利	0.681	24	0.709	23	0.739	21	0.741	22
斯洛文尼亚	0.679	25	0.682	25	0.720	23	0.741	23
波兰	0.703	20	0.710	22	0.718	24	0.722	24
冰岛	0.697	22	0.702	24	0.703	25	0.702	25
葡萄牙	0.575	34	0.597	31	0.669	29	0.698	26
中国	0.621	30	0.677	26	0.682	27	0.691	27
斯洛伐克	0.661	26	0.665	27	0.683	26	0.686	28
匈牙利	0.624	29	0.639	30	0.663	30	0.674	29
立陶宛	0.646	27	0.645	28	0.671	28	0.664	30
乌克兰	0.637	28	0.644	29	0.638	31	0.630	31
阿根廷	0.584	33	0.587	33	0.627	32	0.626	32
马来西亚	0.449	41	0.513	40	0.615	34	0.620	33
克罗地亚	0.585	32	0.578	35	0.615	33	0.614	34
保加利亚	0.572	35	0.583	34	0.593	36	0.596	35
拉脱维亚	0.546	36	0.554	36	0.596	35	0.593	36
罗马尼亚	0.587	31	0.593	32	0.586	37	0.580	37
塞浦路斯	0.464	38	0.524	37	0.545	38	0.550	38
土耳其	0.404	46	0.469	44	0.532	41	0.550	39
哥斯达黎加	0.356	49	0.340	50	0.538	39	0.549	40
巴西	0.454	39	0.514	39	0.536	40	0.529	41
墨西哥	0.446	42	0.517	38	0.527	42	0.528	42
智利	0.471	37	0.507	41	0.508	44	0.504	43
突尼斯	0.421	43	0.491	42	0.515	43	0.502	44
哈萨克斯坦	0.453	40	0.470	43	0.494	45	0.494	45
泰国	0.405	45	0.431	45	0.439	46	0.431	46
埃及	0.386	48	0.421	46	0.418	47	0.422	47

（续表）

国家	2000 年		2005 年		2010 年		2012 年	
	指数	排名	指数	排名	指数	排名	指数	排名
斯里兰卡	0.411	44	0.418	47	0.396	48	0.386	48
哥伦比亚	0.310	51	0.362	49	0.348	49	0.356	49
南非	0.329	50	0.322	51	0.336	51	0.340	50
印度尼西亚	0.398	47	0.368	48	0.337	50	0.333	51
印度	0.253	52	0.307	52	0.318	52	0.303	52

3. 人力资源开发能力指数及排名

国家	2000 年		2005 年		2010 年		2012 年	
	指数	排名	指数	排名	指数	排名	指数	排名
丹麦	0.797	2	0.808	1	0.793	2	0.827	1
新西兰	0.727	10	0.777	4	0.819	1	0.787	2
澳大利亚	0.781	4	0.772	5	0.786	3	0.783	3
挪威	0.795	3	0.795	2	0.766	5	0.776	4
美国	0.771	5	0.757	6	0.778	4	0.750	5
荷兰	0.685	14	0.698	11	0.741	7	0.746	6
冰岛	0.732	9	0.779	3	0.744	6	0.725	7
芬兰	0.741	8	0.741	7	0.717	10	0.700	8
爱尔兰	0.652	20	0.685	13	0.729	8	0.687	9
瑞典	0.831	1	0.740	8	0.708	11	0.680	10
比利时	0.755	7	0.686	12	0.686	13	0.679	11
法国	0.763	6	0.731	9	0.700	12	0.674	12
英国	0.697	13	0.718	10	0.720	9	0.672	13
德国	0.719	11	0.673	14	0.685	14	0.669	14
西班牙	0.667	17	0.639	18	0.667	15	0.651	15
奥地利	0.716	12	0.645	17	0.666	16	0.651	16
阿根廷	0.586	24	0.505	30	0.583	25	0.645	17
韩国	0.605	23	0.617	22	0.638	18	0.627	18
瑞士	0.647	21	0.638	19	0.622	20	0.623	19

（续表）

国家	2000 年		2005 年		2010 年		2012 年	
	指数	排名	指数	排名	指数	排名	指数	排名
葡萄牙	0.658	19	0.618	21	0.620	21	0.606	20
斯洛文尼亚	0.625	22	0.654	16	0.644	17	0.605	21
日本	0.684	15	0.616	23	0.607	22	0.603	22
意大利	0.662	18	0.659	15	0.628	19	0.590	23
以色列	0.672	16	0.632	20	0.586	24	0.576	24
立陶宛	0.560	26	0.563	26	0.594	23	0.566	25
捷克	0.522	28	0.533	28	0.571	27	0.559	26
巴西	0.479	31	0.471	34	0.537	28	0.525	27
智利	0.441	34	0.426	37	0.494	34	0.513	28
波兰	0.574	25	0.591	25	0.575	26	0.512	29
俄罗斯	0.438	37	0.498	31	0.516	31	0.510	30
乌克兰	0.393	45	0.512	29	0.527	29	0.503	31
哥斯达黎加	0.435	38	0.391	44	0.484	37	0.487	32
匈牙利	0.546	27	0.593	24	0.517	30	0.486	33
斯洛伐克	0.467	32	0.471	33	0.513	32	0.481	34
拉脱维亚	0.491	29	0.537	27	0.506	33	0.465	35
塞浦路斯	0.419	41	0.490	32	0.490	35	0.460	36
土耳其	0.389	46	0.382	46	0.446	39	0.457	37
克罗地亚	0.483	30	0.467	35	0.487	36	0.455	38
哥伦比亚	0.423	40	0.395	42	0.443	40	0.426	39
突尼斯	0.446	33	0.461	36	0.435	41	0.416	40
泰国	0.415	42	0.380	47	0.360	47	0.406	41
马来西亚	0.438	35	0.420	39	0.381	45	0.401	42
南非	0.433	39	0.384	45	0.378	46	0.399	43
罗马尼亚	0.347	47	0.417	40	0.453	38	0.395	44
保加利亚	0.407	44	0.412	41	0.408	42	0.388	45
哈萨克斯坦	0.339	48	0.394	43	0.384	44	0.380	46
中国	0.226	49	0.255	49	0.333	48	0.372	47

（续表）

国家	2000 年		2005 年		2010 年		2012 年	
	指数	排名	指数	排名	指数	排名	指数	排名
墨西哥	0.438	36	0.423	38	0.386	43	0.363	48
埃及	0.409	43	0.349	48	0.296	49	0.279	49
印度尼西亚	0.223	50	0.210	50	0.222	50	0.262	50
印度	0.217	51	0.163	52	0.167	51	0.207	51
斯里兰卡	0.196	52	0.163	51	0.141	52	0.118	52

4. 人力资源贡献指数及排名

国家	2000 年		2005 年		2010 年		2012 年	
	指数	排名	指数	排名	指数	排名	指数	排名
美国	0.942	2	0.920	2	0.919	1	0.903	1
日本	0.979	1	0.929	1	0.918	2	0.900	2
韩国	0.851	4	0.802	4	0.806	4	0.793	3
德国	0.869	3	0.814	3	0.810	3	0.786	4
法国	0.814	6	0.759	6	0.758	5	0.732	5
英国	0.835	5	0.767	5	0.735	6	0.714	6
中国	0.682	20	0.557	22	0.666	9	0.706	7
意大利	0.787	7	0.729	7	0.729	7	0.695	8
澳大利亚	0.715	16	0.644	11	0.667	8	0.667	9
挪威	0.721	14	0.648	9	0.666	10	0.652	10
瑞士	0.738	9	0.642	13	0.658	12	0.641	11
俄罗斯	0.711	18	0.593	18	0.637	16	0.640	12
瑞典	0.761	8	0.651	8	0.649	14	0.637	13
荷兰	0.735	10	0.647	10	0.659	11	0.628	14
奥地利	0.723	12	0.643	12	0.651	13	0.625	15
丹麦	0.722	13	0.636	15	0.645	15	0.615	16
芬兰	0.732	11	0.630	16	0.635	17	0.613	17
西班牙	0.720	15	0.638	14	0.635	18	0.599	18
比利时	0.672	22	0.574	21	0.587	21	0.578	19

（续表）

国家	2000 年		2005 年		2010 年		2012 年	
	指数	排名	指数	排名	指数	排名	指数	排名
新西兰	0.678	21	0.587	19	0.581	22	0.569	20
以色列	0.714	17	0.585	20	0.600	19	0.564	21
爱尔兰	0.693	19	0.608	17	0.594	20	0.551	22
土耳其	0.570	32	0.485	24	0.554	23	0.550	23
波兰	0.657	25	0.506	23	0.544	24	0.540	24
巴西	0.659	23	0.481	25	0.528	25	0.513	25
捷克	0.597	31	0.465	27	0.507	26	0.481	26
葡萄牙	0.546	40	0.424	34	0.483	28	0.466	27
斯洛文尼亚	0.597	30	0.461	28	0.487	27	0.464	28
阿根廷	0.657	24	0.430	31	0.459	30	0.453	29
哈萨克斯坦	0.561	36	0.390	38	0.450	32	0.448	30
墨西哥	0.605	27	0.444	29	0.445	34	0.446	31
马来西亚	0.542	42	0.392	37	0.457	31	0.446	32
匈牙利	0.611	26	0.481	26	0.469	29	0.445	33
罗马尼亚	0.563	35	0.405	36	0.449	33	0.413	34
智利	0.563	34	0.406	35	0.413	38	0.408	35
南非	0.598	28	0.439	30	0.436	35	0.397	36
克罗地亚	0.570	33	0.425	32	0.418	36	0.389	37
印度	0.554	38	0.341	41	0.395	40	0.383	38
斯洛伐克	0.539	43	0.355	40	0.415	37	0.378	39
乌克兰	0.598	29	0.386	39	0.375	41	0.378	40
拉脱维亚	0.494	45	0.312	44	0.362	42	0.363	41
冰岛	0.556	37	0.425	33	0.398	39	0.361	42
泰国	0.545	41	0.328	42	0.359	43	0.341	43
立陶宛	0.475	46	0.301	45	0.339	44	0.333	44
埃及	0.553	39	0.273	47	0.331	46	0.329	45
保加利亚	0.504	44	0.319	43	0.335	45	0.323	46
哥伦比亚	0.475	47	0.246	48	0.280	48	0.308	47

（续表）

国家	2000 年		2005 年		2010 年		2012 年	
	指数	排名	指数	排名	指数	排名	指数	排名
印度尼西亚	0.454	49	0.205	50	0.281	47	0.281	48
斯里兰卡	0.424	51	0.184	51	0.234	50	0.233	49
突尼斯	0.457	48	0.241	49	0.250	49	0.230	50
塞浦路斯	0.441	50	0.296	46	0.210	51	0.190	51
哥斯达黎加	0.380	52	0.111	52	0.148	52	0.162	52

三、二级指标指数及排名

1. 高层次人才培养能力指数及排名

国家	2000 年		2005 年		2010 年		2012 年	
	指数	排名	指数	排名	指数	排名	指数	排名
美国	0.944	1	0.952	1	0.963	1	0.960	1
韩国	0.897	2	0.871	3	0.849	3	0.847	2
俄罗斯	0.882	3	0.924	2	0.895	2	0.844	3
阿根廷	0.810	4	0.789	6	0.808	4	0.824	4
土耳其	0.689	17	0.669	19	0.758	7	0.819	5
智利	0.636	30	0.648	22	0.721	9	0.753	6
乌克兰	0.770	8	0.810	4	0.785	5	0.745	7
澳大利亚	0.745	12	0.723	7	0.735	8	0.743	8
立陶宛	0.574	40	0.647	23	0.654	14	0.720	9
挪威	0.637	29	0.598	31	0.555	36	0.705	10
中国	0.565	43	0.676	16	0.677	10	0.682	11
巴西	0.663	20	0.671	18	0.654	13	0.671	12
印度	0.655	24	0.549	41	0.566	32	0.666	13
西班牙	0.804	5	0.723	8	0.661	12	0.665	14
英国	0.766	9	0.719	10	0.674	11	0.665	15
葡萄牙	0.658	22	0.584	36	0.520	44	0.662	16
哥伦比亚	0.650	25	0.611	29	0.617	24	0.658	17

（续表）

国家	2000 年		2005 年		2010 年		2012 年	
	指数	排名	指数	排名	指数	排名	指数	排名
马来西亚	0.613	34	0.561	39	0.599	27	0.658	18
德国	0.692	16	0.639	24	0.627	21	0.642	19
泰国	0.742	13	0.709	11	0.646	17	0.636	20
芬兰	0.694	15	0.674	17	0.637	18	0.633	21
法国	0.764	10	0.702	13	0.632	19	0.629	22
波兰	0.778	7	0.797	5	0.767	6	0.623	23
新西兰	0.637	28	0.656	20	0.650	16	0.621	24
日本	0.800	6	0.719	9	0.619	22	0.615	25
瑞典	0.665	19	0.651	21	0.618	23	0.604	26
以色列	0.657	23	0.628	26	0.603	25	0.604	27
罗马尼亚	0.576	39	0.613	28	0.653	15	0.601	28
印度尼西亚	0.661	21	0.566	38	0.526	42	0.590	29
丹麦	0.607	36	0.587	35	0.542	37	0.580	30
意大利	0.740	14	0.688	15	0.600	26	0.579	31
比利时	0.647	27	0.591	34	0.564	33	0.578	32
哈萨克斯坦	0.599	37	0.702	12	0.568	31	0.577	33
奥地利	0.615	33	0.510	45	0.555	35	0.571	34
荷兰	0.649	26	0.602	30	0.579	28	0.566	35
埃及	0.752	11	0.689	14	0.629	20	0.560	36
捷克	0.569	42	0.554	40	0.569	29	0.560	37
拉脱维亚	0.570	41	0.616	27	0.556	34	0.537	38
匈牙利	0.613	35	0.632	25	0.541	38	0.526	39
斯洛文尼亚	0.578	38	0.596	33	0.568	30	0.522	40
哥斯达黎加	0.450	48	0.421	49	0.512	45	0.515	41
保加利亚	0.616	32	0.517	43	0.521	43	0.514	42
爱尔兰	0.624	31	0.582	37	0.528	41	0.510	43
斯洛伐克	0.529	44	0.517	44	0.539	39	0.508	44
突尼斯	0.501	46	0.536	42	0.509	46	0.477	45

（续表）

国家	2000 年		2005 年		2010 年		2012 年	
	指数	排名	指数	排名	指数	排名	指数	排名
瑞士	0.516	45	0.475	47	0.451	47	0.466	46
墨西哥	0.667	18	0.597	32	0.534	40	0.463	47
克罗地亚	0.480	47	0.476	46	0.443	49	0.454	48
冰岛	0.396	50	0.437	48	0.448	48	0.453	49
南非	0.417	49	0.333	50	0.353	51	0.386	50
塞浦路斯	0.266	51	0.309	51	0.371	50	0.348	51
斯里兰卡	0.203	52	0.185	52	0.180	52	0.178	52

2. 教育保障能力指数及排名

国家	2000 年		2005 年		2010 年		2012 年	
	指数	排名	指数	排名	指数	排名	指数	排名
丹麦	1.000	1	0.986	1	0.982	1	0.978	1
挪威	0.863	3	0.894	3	0.858	2	0.844	2
冰岛	0.852	4	0.935	2	0.841	3	0.829	3
新西兰	0.764	6	0.752	7	0.781	6	0.815	4
瑞典	0.888	2	0.842	4	0.810	4	0.810	5
芬兰	0.753	9	0.782	6	0.792	5	0.793	6
塞浦路斯	0.638	16	0.787	5	0.775	7	0.777	7
比利时	0.754	7	0.739	8	0.761	8	0.766	8
爱尔兰	0.596	20	0.654	16	0.759	9	0.744	9
荷兰	0.668	13	0.709	11	0.723	10	0.727	10
瑞士	0.713	12	0.736	9	0.690	15	0.713	11
奥地利	0.736	10	0.695	13	0.706	12	0.706	12
英国	0.616	18	0.693	14	0.714	11	0.704	13
法国	0.729	11	0.715	10	0.694	14	0.686	14
澳大利亚	0.638	15	0.640	18	0.697	13	0.674	15
美国	0.754	8	0.675	15	0.667	16	0.655	16
以色列	0.799	5	0.709	12	0.639	17	0.655	17
斯洛文尼亚	0.650	14	0.651	17	0.617	18	0.626	18
德国	0.589	21	0.581	21	0.617	19	0.620	19

（续表）

国家	2000 年		2005 年		2010 年		2012 年	
	指数	排名	指数	排名	指数	排名	指数	排名
西班牙	0.539	26	0.542	26	0.578	21	0.586	20
南非	0.508	27	0.493	30	0.519	26	0.579	21
葡萄牙	0.609	19	0.606	19	0.603	20	0.579	22
马来西亚	0.576	23	0.550	25	0.463	35	0.556	23
巴西	0.374	38	0.411	36	0.552	22	0.556	24
韩国	0.476	31	0.479	32	0.514	28	0.551	25
哥斯达黎加	0.421	35	0.440	35	0.537	24	0.540	26
意大利	0.587	22	0.575	22	0.545	23	0.537	27
阿根廷	0.441	34	0.320	44	0.443	37	0.523	28
立陶宛	0.635	17	0.495	28	0.518	27	0.522	29
乌克兰	0.209	45	0.470	33	0.532	25	0.522	30
日本	0.567	24	0.495	29	0.499	30	0.520	31
捷克	0.398	37	0.459	34	0.460	36	0.499	32
拉脱维亚	0.496	28	0.488	31	0.484	32	0.498	33
波兰	0.493	29	0.553	24	0.503	29	0.497	34
突尼斯	0.540	25	0.560	23	0.490	31	0.491	35
墨西哥	0.443	33	0.496	27	0.472	34	0.483	36
匈牙利	0.490	30	0.582	20	0.482	33	0.477	37
智利	0.372	39	0.320	43	0.412	41	0.473	38
俄罗斯	0.180	48	0.344	40	0.419	40	0.455	39
泰国	0.449	32	0.327	41	0.269	45	0.447	40
斯洛伐克	0.365	40	0.401	38	0.442	38	0.441	41
克罗地亚	0.405	36	0.408	37	0.432	39	0.434	42
哥伦比亚	0.279	42	0.326	42	0.400	42	0.388	43
中国	0.107	50	0.135	49	0.250	46	0.348	44
保加利亚	0.237	43	0.361	39	0.335	43	0.328	45
罗马尼亚	0.165	49	0.298	46	0.293	44	0.267	46
哈萨克斯坦	0.181	47	0.144	48	0.241	47	0.252	47

（续表）

国家	2000 年		2005 年		2010 年		2012 年	
	指数	排名	指数	排名	指数	排名	指数	排名
土耳其	0.228	44	0.284	47	0.235	48	0.246	48
印度尼西亚	0.037	52	0.112	50	0.140	50	0.230	49
埃及	0.350	41	0.311	45	0.187	49	0.197	50
印度	0.183	46	0.090	51	0.099	51	0.164	51
斯里兰卡	0.078	51	0.052	52	0	52	0	52

3. 健康保障能力指数及排名

国家	2000 年		2005 年		2010 年		2012 年	
	指数	排名	指数	排名	指数	排名	指数	排名
荷兰	0.729	19	0.837	9	0.971	1	0.962	1
丹麦	0.922	5	0.968	1	0.967	2	0.930	2
法国	0.956	2	0.923	4	0.910	3	0.877	3
挪威	0.913	6	0.936	3	0.903	4	0.877	4
德国	0.973	1	0.872	7	0.900	5	0.854	5
日本	0.850	8	0.757	17	0.838	11	0.851	6
奥地利	0.926	4	0.878	5	0.878	6	0.849	7
新西兰	0.750	15	0.786	14	0.843	8	0.836	8
瑞士	0.793	11	0.822	10	0.826	12	0.833	9
美国	0.808	9	0.815	11	0.863	7	0.829	10
比利时	0.802	10	0.838	8	0.841	9	0.829	11
瑞典	0.888	7	0.878	6	0.839	10	0.821	12
英国	0.766	13	0.801	12	0.825	13	0.794	13
冰岛	0.955	3	0.936	2	0.803	14	0.764	14
芬兰	0.734	18	0.792	13	0.760	16	0.744	15
意大利	0.772	12	0.773	15	0.787	15	0.733	16
澳大利亚	0.741	17	0.723	19	0.732	20	0.715	17
西班牙	0.694	21	0.694	21	0.759	17	0.691	18
爱尔兰	0.693	22	0.759	16	0.746	19	0.689	19

（续表）

国家	2000 年		2005 年		2010 年		2012 年	
	指数	排名	指数	排名	指数	排名	指数	排名
斯洛文尼亚	0.743	16	0.709	20	0.708	21	0.674	20
哥斯达黎加	0.624	25	0.512	28	0.642	24	0.660	21
葡萄牙	0.757	14	0.755	18	0.753	18	0.642	22
捷克	0.663	24	0.633	23	0.653	23	0.634	23
斯洛伐克	0.566	28	0.542	26	0.610	25	0.580	24
克罗地亚	0.726	20	0.597	25	0.693	22	0.569	25
以色列	0.669	23	0.615	24	0.566	26	0.544	26
匈牙利	0.593	26	0.638	22	0.548	27	0.506	27
韩国	0.413	35	0.470	30	0.514	30	0.502	28
阿根廷	0.568	27	0.388	37	0.459	36	0.497	29
波兰	0.490	31	0.504	29	0.529	28	0.486	30
哥伦比亚	0.512	30	0.395	36	0.470	33	0.481	31
立陶宛	0.519	29	0.470	31	0.528	29	0.469	32
巴西	0.388	38	0.383	39	0.462	35	0.464	33
塞浦路斯	0.442	32	0.516	27	0.475	31	0.451	34
土耳其	0.418	34	0.383	40	0.468	34	0.431	35
罗马尼亚	0.381	41	0.415	34	0.471	32	0.429	36
南非	0.418	33	0.399	35	0.409	40	0.413	37
智利	0.384	39	0.335	44	0.398	41	0.410	38
拉脱维亚	0.412	36	0.428	32	0.442	37	0.409	39
保加利亚	0.399	37	0.419	33	0.416	38	0.400	40
俄罗斯	0.360	42	0.361	41	0.414	39	0.390	41
突尼斯	0.353	43	0.341	43	0.346	44	0.356	42
乌克兰	0.245	46	0.343	42	0.367	42	0.348	43
墨西哥	0.382	40	0.384	38	0.351	43	0.347	44
泰国	0.237	47	0.247	46	0.277	46	0.333	45
哈萨克斯坦	0.223	48	0.235	47	0.304	45	0.303	46
中国	0.161	50	0.137	49	0.257	48	0.298	47

（续表）

国家	2000 年		2005 年		2010 年		2012 年	
	指数	排名	指数	排名	指数	排名	指数	排名
马来西亚	0.270	44	0.297	45	0.277	47	0.271	48
埃及	0.246	45	0.168	48	0.142	49	0.146	49
印度尼西亚	0.004	52	0.043	51	0.057	51	0.076	50
斯里兰卡	0.163	49	0.117	50	0.094	50	0.058	51
印度	0.030	51	0.013	52	0.003	52	0	52

4．物质贡献能力指数及排名

国家	2000 年		2005 年		2010 年		2012 年	
	指数	排名	指数	排名	指数	排名	指数	排名
美国	0.992	1	0.955	1	0.931	1	0.923	1
日本	0.946	2	0.859	2	0.848	2	0.846	2
法国	0.834	4	0.827	3	0.817	3	0.794	3
德国	0.841	3	0.823	4	0.809	5	0.791	4
澳大利亚	0.707	13	0.716	10	0.768	6	0.785	5
意大利	0.830	5	0.822	5	0.812	4	0.777	6
挪威	0.708	11	0.720	9	0.748	8	0.755	7
英国	0.827	6	0.817	6	0.764	7	0.751	8
瑞士	0.722	10	0.697	12	0.723	10	0.722	9
荷兰	0.734	7	0.724	8	0.725	9	0.694	10
比利时	0.724	8	0.709	11	0.712	11	0.694	11
瑞典	0.708	12	0.681	13	0.683	13	0.680	12
西班牙	0.723	9	0.733	7	0.708	12	0.673	13
丹麦	0.676	16	0.665	16	0.673	14	0.652	14
奥地利	0.691	14	0.671	15	0.667	15	0.648	15
韩国	0.672	17	0.663	17	0.647	16	0.641	16
爱尔兰	0.658	18	0.674	14	0.646	17	0.627	17
芬兰	0.649	19	0.641	18	0.645	18	0.625	18
俄罗斯	0.378	35	0.494	25	0.556	22	0.590	19

（续表）

国家	2000 年		2005 年		2010 年		2012 年	
	指数	排名	指数	排名	指数	排名	指数	排名
以色列	0.681	15	0.575	21	0.616	19	0.578	20
土耳其	0.562	22	0.585	19	0.589	20	0.572	21
巴西	0.522	24	0.479	27	0.572	21	0.557	22
中国	0.359	39	0.410	34	0.504	29	0.552	23
新西兰	0.515	25	0.535	23	0.532	24	0.543	24
阿根廷	0.629	21	0.426	32	0.509	28	0.538	25
墨西哥	0.640	20	0.584	20	0.540	23	0.535	26
波兰	0.486	26	0.504	24	0.525	25	0.507	27
葡萄牙	0.551	23	0.538	22	0.525	26	0.489	28
捷克	0.419	33	0.475	28	0.511	27	0.483	29
智利	0.466	27	0.441	31	0.466	31	0.476	30
南非	0.439	29	0.464	29	0.483	30	0.463	31
马来西亚	0.425	31	0.402	35	0.440	33	0.453	32
匈牙利	0.425	32	0.487	26	0.465	32	0.432	33
斯洛伐克	0.301	43	0.361	37	0.430	35	0.413	34
斯洛文尼亚	0.430	30	0.423	33	0.435	34	0.411	35
哥伦比亚	0.363	37	0.323	40	0.369	38	0.395	36
哈萨克斯坦	0.128	51	0.245	49	0.350	41	0.389	37
克罗地亚	0.360	38	0.395	36	0.410	36	0.384	38
罗马尼亚	0.220	48	0.355	38	0.393	37	0.377	39
冰岛	0.446	28	0.449	30	0.361	39	0.354	40
印度尼西亚	0.241	46	0.250	47	0.329	44	0.350	41
印度	0.286	44	0.295	42	0.347	42	0.347	42
埃及	0.389	34	0.250	48	0.335	43	0.345	43
立陶宛	0.243	45	0.312	41	0.326	45	0.330	44
塞浦路斯	0.364	36	0.345	39	0.351	40	0.325	45
泰国	0.304	42	0.272	44	0.303	46	0.310	46
拉脱维亚	0.230	47	0.256	45	0.290	47	0.301	47

（续表）

国家	2000 年		2005 年		2010 年		2012 年	
	指数	排名	指数	排名	指数	排名	指数	排名
哥斯达黎加	0.313	40	0.222	50	0.266	50	0.284	48
保加利亚	0.201	49	0.255	46	0.285	48	0.281	49
乌克兰	0.114	52	0.218	51	0.226	51	0.259	50
突尼斯	0.313	41	0.284	43	0.270	49	0.249	51
斯里兰卡	0.132	50	0.106	52	0.162	52	0.182	52

5. 知识贡献能力指数及排名

国家	2000 年		2005 年		2010 年		2012 年	
	指数	排名	指数	排名	指数	排名	指数	排名
日本	1.000	1	1.000	1	0.988	1	0.954	1
韩国	0.883	2	0.942	2	0.964	2	0.946	2
美国	0.861	3	0.884	3	0.906	3	0.883	3
中国	0.571	19	0.704	6	0.828	4	0.859	4
德国	0.811	4	0.804	4	0.812	5	0.781	5
俄罗斯	0.692	6	0.692	7	0.719	6	0.690	6
英国	0.741	5	0.716	5	0.707	7	0.677	7
法国	0.691	7	0.691	8	0.700	8	0.670	8
意大利	0.634	10	0.636	10	0.646	9	0.613	9
奥地利	0.603	15	0.615	13	0.634	10	0.602	10
芬兰	0.659	9	0.620	12	0.626	12	0.601	11
瑞典	0.679	8	0.621	11	0.615	14	0.595	12
新西兰	0.616	12	0.639	9	0.630	11	0.595	13
丹麦	0.614	13	0.607	14	0.617	13	0.578	14
波兰	0.531	24	0.507	24	0.562	20	0.573	15
荷兰	0.587	18	0.570	19	0.592	16	0.561	16
瑞士	0.617	11	0.587	16	0.593	15	0.559	17
澳大利亚	0.549	21	0.571	18	0.567	19	0.550	18
以色列	0.599	16	0.596	15	0.584	17	0.549	19

（续表）

国家	2000 年		2005 年		2010 年		2012 年	
	指数	排名	指数	排名	指数	排名	指数	排名
挪威	0.595	17	0.577	17	0.583	18	0.549	20
土耳其	0.271	45	0.386	36	0.519	26	0.528	21
西班牙	0.541	22	0.543	21	0.562	21	0.525	22
斯洛文尼亚	0.490	26	0.498	25	0.538	24	0.518	23
哈萨克斯坦	0.531	23	0.534	23	0.550	22	0.506	24
乌克兰	0.607	14	0.555	20	0.524	25	0.497	25
捷克	0.454	30	0.454	30	0.503	28	0.480	26
爱尔兰	0.568	20	0.543	22	0.542	23	0.475	27
巴西	0.471	27	0.483	26	0.484	29	0.468	28
比利时	0.458	29	0.439	31	0.463	32	0.462	29
匈牙利	0.495	25	0.475	27	0.474	31	0.459	30
罗马尼亚	0.470	28	0.454	29	0.506	27	0.449	31
葡萄牙	0.249	46	0.309	43	0.440	34	0.443	32
马来西亚	0.299	42	0.383	39	0.475	30	0.438	33
拉脱维亚	0.357	37	0.369	41	0.435	35	0.426	34
印度	0.323	41	0.387	35	0.443	33	0.420	35
克罗地亚	0.451	31	0.455	28	0.426	37	0.394	36
泰国	0.347	38	0.383	38	0.416	38	0.372	37
冰岛	0.416	34	0.400	34	0.434	36	0.369	38
阿根廷	0.446	32	0.435	32	0.409	39	0.369	39
保加利亚	0.376	36	0.383	37	0.384	42	0.365	40
墨西哥	0.288	44	0.304	44	0.349	45	0.357	41
斯洛伐克	0.402	35	0.349	42	0.400	40	0.344	42
智利	0.341	39	0.372	40	0.360	43	0.340	43
立陶宛	0.292	43	0.290	46	0.352	44	0.336	44
南非	0.416	33	0.415	33	0.389	41	0.331	45
埃及	0.338	40	0.297	45	0.327	46	0.314	46
斯里兰卡	0.198	47	0.262	47	0.305	47	0.284	47

（续表）

国家	2000 年		2005 年		2010 年		2012 年	
	指数	排名	指数	排名	指数	排名	指数	排名
哥伦比亚	0.159	50	0.169	50	0.191	50	0.221	48
印度尼西亚	0.138	51	0.161	51	0.232	48	0.212	49
突尼斯	0.195	48	0.198	49	0.230	49	0.211	50
塞浦路斯	0.166	49	0.247	48	0.069	51	0.055	51
哥斯达黎加	0.017	52	0	52	0.031	52	0.039	52

四、三级指标指数及排名

1. 15～64 岁人口总数指数及排名

国家	2000 年		2005 年		2010 年		2012 年	
	指数	排名	指数	排名	指数	排名	指数	排名
中国	1.000	1	1.000	1	1.000	1	1.000	1
印度	0.948	2	0.956	2	0.955	2	0.955	2
美国	0.858	3	0.857	3	0.859	3	0.858	3
印度尼西亚	0.821	4	0.825	4	0.830	4	0.832	4
巴西	0.807	5	0.815	5	0.820	5	0.821	5
俄罗斯	0.795	6	0.794	6	0.794	6	0.794	6
日本	0.788	7	0.784	7	0.782	7	0.779	7
墨西哥	0.743	8	0.748	8	0.757	8	0.760	8
德国	0.742	9	0.741	9	0.741	9	0.739	9
泰国	0.728	10	0.732	10	0.734	10	0.734	10
英国	0.714	11	0.715	11	0.717	11	0.718	11
法国	0.707	12	0.709	12	0.711	12	0.710	12
埃及	0.678	17	0.689	16	0.698	13	0.701	13
土耳其	0.685	16	0.686	17	0.697	14	0.701	14
韩国	0.690	15	0.692	14	0.695	15	0.697	15
意大利	0.693	14	0.694	13	0.693	16	0.694	16
西班牙	0.671	18	0.681	18	0.689	17	0.689	17

（续表）

国家	2000 年		2005 年		2010 年		2012 年	
	指数	排名	指数	排名	指数	排名	指数	排名
乌克兰	0.694	13	0.690	15	0.688	18	0.687	18
哥伦比亚	0.666	20	0.676	19	0.684	19	0.687	19
南非	0.663	21	0.666	20	0.667	21	0.670	20
阿根廷	0.656	22	0.665	21	0.668	20	0.669	21
波兰	0.666	19	0.664	22	0.667	22	0.667	22
马来西亚	0.616	24	0.623	23	0.630	23	0.634	23
澳大利亚	0.614	25	0.620	24	0.628	24	0.629	24
罗马尼亚	0.632	23	0.614	25	0.611	25	0.609	25
哈萨克斯坦	0.592	28	0.594	28	0.602	27	0.604	26
荷兰	0.599	26	0.601	26	0.603	26	0.603	27
智利	0.573	29	0.580	29	0.594	29	0.598	28
斯里兰卡	0.597	27	0.596	27	0.599	28	0.597	29
葡萄牙	0.560	30	0.562	30	0.561	30	0.559	30
捷克	0.559	31	0.556	31	0.556	31	0.556	31
瑞典	0.547	32	0.549	32	0.552	32	0.553	32
比利时	0.544	33	0.546	33	0.550	33	0.549	33
瑞士	0.535	35	0.537	35	0.543	34	0.545	34
匈牙利	0.539	34	0.539	34	0.539	35	0.540	35
奥地利	0.532	36	0.535	36	0.539	36	0.540	36
突尼斯	0.515	38	0.520	37	0.528	37	0.530	37
以色列	0.492	42	0.500	40	0.512	39	0.523	38
保加利亚	0.522	37	0.518	38	0.518	38	0.516	39
丹麦	0.506	39	0.505	39	0.505	40	0.503	40
斯洛伐克	0.497	41	0.497	41	0.497	41	0.498	41
芬兰	0.497	40	0.496	42	0.497	42	0.497	42
挪威	0.489	43	0.489	43	0.494	43	0.496	43
新西兰	0.470	45	0.479	44	0.485	44	0.485	44
哥斯达黎加	0.454	48	0.469	47	0.479	46	0.482	45

（续表）

国家	2000 年		2005 年		2010 年		2012 年	
	指数	排名	指数	排名	指数	排名	指数	排名
爱尔兰	0.462	46	0.474	45	0.479	45	0.477	46
克罗地亚	0.472	44	0.471	46	0.468	47	0.464	47
立陶宛	0.458	47	0.450	48	0.448	48	0.447	48
拉脱维亚	0.419	49	0.419	49	0.414	49	0.412	49
斯洛文尼亚	0.408	50	0.411	50	0.413	50	0.410	50
塞浦路斯	0.339	51	0.352	51	0.361	51	0.362	51
冰岛	0.251	52	0.255	52	0.260	52	0.260	52

2. 15～64 岁人口占总人口的百分比指数及排名

国家	2000 年		2005 年		2010 年		2012 年	
	指数	排名	指数	排名	指数	排名	指数	排名
中国	0.942	17	1.000	1	1.000	1	1.000	1
韩国	1.000	1	0.997	2	0.989	2	0.995	2
斯洛伐克	0.961	6	0.996	3	0.987	3	0.986	3
泰国	0.966	5	0.974	8	0.977	5	0.983	4
俄罗斯	0.968	4	0.989	5	0.979	4	0.976	5
波兰	0.953	9	0.979	7	0.972	6	0.969	6
塞浦路斯	0.940	20	0.965	11	0.961	7	0.966	7
乌克兰	0.959	7	0.968	10	0.957	9	0.962	8
罗马尼亚	0.948	13	0.971	9	0.954	10	0.954	9
突尼斯	0.894	42	0.940	23	0.946	11	0.950	10
立陶宛	0.923	30	0.949	16	0.942	13	0.945	11
捷克	0.972	3	0.990	4	0.958	8	0.944	12
哥斯达黎加	0.880	45	0.922	36	0.933	16	0.944	13
智利	0.906	37	0.934	27	0.934	15	0.940	14
斯洛文尼亚	0.977	2	0.979	6	0.943	12	0.938	15
匈牙利	0.949	12	0.958	13	0.934	14	0.932	16
马来西亚	0.876	46	0.910	41	0.918	24	0.930	17

（续表）

国家	2000 年		2005 年		2010 年		2012 年	
	指数	排名	指数	排名	指数	排名	指数	排名
巴西	0.905	38	0.923	34	0.920	22	0.929	18
哈萨克斯坦	0.914	31	0.943	20	0.931	17	0.927	19
瑞士	0.938	21	0.945	19	0.926	19	0.924	20
保加利亚	0.945	15	0.960	12	0.930	18	0.921	21
西班牙	0.953	8	0.957	14	0.925	20	0.918	22
奥地利	0.941	18	0.946	18	0.917	25	0.917	23
澳大利亚	0.933	25	0.937	25	0.920	21	0.914	24
克罗地亚	0.938	22	0.932	28	0.914	27	0.914	25
拉脱维亚	0.936	23	0.948	17	0.918	23	0.912	26
美国	0.924	29	0.935	26	0.913	29	0.910	27
冰岛	0.908	35	0.922	35	0.911	31	0.910	28
土耳其	0.884	44	0.904	45	0.901	35	0.910	29
爱尔兰	0.935	24	0.952	15	0.916	26	0.909	30
斯里兰卡	0.933	26	0.940	22	0.913	28	0.909	31
葡萄牙	0.943	16	0.937	24	0.909	32	0.908	32
荷兰	0.947	14	0.940	21	0.912	30	0.905	33
新西兰	0.914	33	0.925	31	0.905	33	0.901	34
哥伦比亚	0.871	47	0.893	47	0.893	41	0.900	35
挪威	0.904	39	0.914	40	0.900	36	0.898	36
德国	0.949	11	0.929	29	0.895	39	0.896	37
印度尼西亚	0.902	40	0.907	43	0.886	44	0.894	38
比利时	0.914	32	0.914	39	0.899	37	0.893	39
印度	0.857	50	0.878	49	0.881	47	0.891	40
芬兰	0.933	27	0.929	30	0.903	34	0.890	41
英国	0.909	34	0.920	38	0.896	38	0.890	42
意大利	0.940	19	0.923	33	0.893	40	0.888	43
南非	0.887	43	0.902	46	0.885	45	0.887	44
丹麦	0.930	28	0.921	37	0.889	42	0.884	45

（续表）

国家	2000 年		2005 年		2010 年		2012 年	
	指数	排名	指数	排名	指数	排名	指数	排名
阿根廷	0.867	48	0.883	48	0.877	48	0.883	46
墨西哥	0.851	51	0.869	50	0.870	49	0.883	47
瑞典	0.897	41	0.909	42	0.888	43	0.878	48
法国	0.907	36	0.906	44	0.882	46	0.876	49
埃及	0.826	52	0.864	52	0.857	51	0.861	50
日本	0.951	10	0.924	32	0.867	50	0.852	51
以色列	0.863	49	0.865	51	0.848	52	0.844	52

3. 人口年龄中位数指数及排名

国家	2000 年		2005 年		2010 年		2012 年	
	指数	排名	指数	排名	指数	排名	指数	排名
突尼斯	1.000	2	1.000	1	1.000	1	1.000	1
哥斯达黎加	1.000	3	1.000	2	1.000	2	1.000	2
马来西亚	1.000	5	1.000	3	1.000	3	1.000	3
巴西	1.000	6	1.000	4	1.000	4	1.000	4
哈萨克斯坦	1.000	7	1.000	5	1.000	5	1.000	5
土耳其	1.000	8	1.000	6	1.000	6	1.000	6
哥伦比亚	1.000	10	1.000	8	1.000	7	1.000	7
印度尼西亚	1.000	11	1.000	9	1.000	8	1.000	8
印度	1.000	12	1.000	10	1.000	9	1.000	9
南非	1.000	13	1.000	11	1.000	10	1.000	10
墨西哥	1.000	15	1.000	13	1.000	11	1.000	11
埃及	1.000	16	1.000	14	1.000	12	1.000	12
以色列	1.000	17	1.000	15	0.993	13	0.994	13
阿根廷	1.000	14	1.000	12	0.978	14	0.947	14
斯里兰卡	1.000	9	1.000	7	0.966	15	0.928	15
智利	1.000	4	0.965	16	0.864	16	0.823	16
塞浦路斯	0.885	19	0.811	19	0.731	17	0.686	17

（续表）

国家	2000 年		2005 年		2010 年		2012 年	
	指数	排名	指数	排名	指数	排名	指数	排名
爱尔兰	0.838	21	0.774	20	0.722	18	0.682	18
中国	1.000	1	0.857	18	0.707	19	0.671	19
冰岛	0.820	22	0.726	21	0.685	20	0.659	20
泰国	0.996	18	0.869	17	0.653	21	0.587	21
新西兰	0.722	24	0.644	24	0.578	22	0.559	22
澳大利亚	0.655	28	0.581	26	0.559	23	0.545	23
美国	0.661	26	0.600	25	0.545	24	0.530	24
斯洛伐克	0.747	23	0.650	23	0.539	25	0.493	25
俄罗斯	0.582	30	0.530	29	0.485	28	0.471	26
波兰	0.658	27	0.573	27	0.487	27	0.450	27
韩国	0.865	20	0.678	22	0.500	26	0.430	28
挪威	0.558	31	0.490	31	0.443	30	0.428	29
罗马尼亚	0.718	25	0.565	28	0.454	29	0.415	30
立陶宛	0.619	29	0.508	30	0.440	31	0.415	31
乌克兰	0.510	35	0.433	34	0.394	32	0.381	32
捷克	0.511	34	0.431	36	0.387	33	0.352	33
英国	0.508	37	0.437	32	0.370	34	0.352	34
匈牙利	0.449	43	0.415	38	0.363	35	0.334	35
法国	0.512	33	0.431	35	0.355	36	0.329	36
瑞典	0.395	48	0.341	45	0.309	39	0.298	37
丹麦	0.458	42	0.385	40	0.319	38	0.295	38
西班牙	0.509	36	0.435	33	0.346	37	0.292	39
比利时	0.416	46	0.333	46	0.285	42	0.266	40
拉脱维亚	0.490	39	0.362	41	0.276	43	0.264	41
荷兰	0.528	32	0.430	37	0.302	40	0.262	42
葡萄牙	0.500	38	0.399	39	0.289	41	0.240	43
瑞士	0.449	44	0.352	43	0.255	45	0.237	44
斯洛文尼亚	0.485	40	0.351	44	0.259	44	0.221	45

（续表）

国家	2000 年		2005 年		2010 年		2012 年	
	指数	排名	指数	排名	指数	排名	指数	排名
芬兰	0.397	47	0.298	48	0.226	48	0.212	46
克罗地亚	0.421	45	0.327	47	0.233	47	0.203	47
奥地利	0.474	41	0.360	42	0.239	46	0.202	48
保加利亚	0.376	49	0.284	49	0.199	49	0.174	49
意大利	0.343	51	0.244	50	0.144	50	0.099	50
德国	0.365	50	0.228	51	0.081	51	0.029	51
日本	0.270	52	0.161	52	0.043	52	0	52

4. 人均预期寿命指数及排名

国家	2000 年		2005 年		2010 年		2012 年	
	指数	排名	指数	排名	指数	排名	指数	排名
日本	1.000	1	1.000	1	1.000	1	1.000	1
冰岛	0.982	4	0.995	2	0.989	4	0.998	2
瑞士	0.983	3	0.992	3	0.993	2	0.995	3
西班牙	0.974	9	0.979	7	0.985	7	0.992	4
意大利	0.984	2	0.986	5	0.990	3	0.990	5
澳大利亚	0.977	6	0.987	4	0.986	5	0.987	6
法国	0.975	7	0.978	8	0.986	6	0.986	7
以色列	0.974	8	0.978	9	0.985	8	0.983	8
瑞典	0.982	5	0.983	6	0.983	9	0.983	9
挪威	0.970	11	0.977	10	0.978	10	0.980	10
新西兰	0.970	10	0.975	11	0.974	12	0.977	11
韩国	0.935	25	0.957	21	0.972	15	0.977	12
荷兰	0.962	14	0.969	12	0.974	13	0.976	13
爱尔兰	0.944	23	0.964	16	0.975	11	0.974	14
奥地利	0.964	12	0.968	13	0.973	14	0.974	15
英国	0.959	17	0.965	14	0.971	16	0.974	16
德国	0.961	15	0.963	17	0.966	18	0.973	17

（续表）

国家	2000 年		2005 年		2010 年		2012 年	
	指数	排名	指数	排名	指数	排名	指数	排名
芬兰	0.955	19	0.962	18	0.964	19	0.970	18
比利时	0.959	18	0.964	15	0.969	17	0.967	19
葡萄牙	0.941	24	0.953	23	0.954	25	0.967	20
斯洛文尼亚	0.930	26	0.947	25	0.959	20	0.964	21
丹麦	0.945	22	0.950	24	0.955	23	0.963	22
哥斯达黎加	0.959	16	0.958	20	0.957	22	0.959	23
塞浦路斯	0.962	13	0.959	19	0.957	21	0.958	24
智利	0.947	20	0.954	22	0.954	24	0.958	25
美国	0.945	21	0.944	26	0.948	26	0.948	26
捷克	0.925	27	0.927	27	0.935	27	0.940	27
墨西哥	0.916	28	0.921	28	0.926	28	0.928	28
克罗地亚	0.898	33	0.918	29	0.923	29	0.926	29
波兰	0.910	30	0.915	30	0.920	30	0.924	30
斯洛伐克	0.901	31	0.902	33	0.907	32	0.916	31
阿根廷	0.910	29	0.912	31	0.913	31	0.915	32
中国	0.890	35	0.904	32	0.904	33	0.905	33
匈牙利	0.879	38	0.887	37	0.896	36	0.903	34
马来西亚	0.899	32	0.899	34	0.899	35	0.901	35
土耳其	0.863	45	0.884	39	0.896	37	0.901	36
罗马尼亚	0.878	40	0.877	42	0.887	41	0.896	37
保加利亚	0.884	37	0.886	38	0.887	40	0.894	38
泰国	0.875	42	0.883	40	0.891	38	0.893	39
斯里兰卡	0.878	39	0.898	35	0.890	39	0.891	40
突尼斯	0.895	34	0.897	36	0.901	34	0.890	41
立陶宛	0.888	36	0.870	45	0.884	44	0.889	42
拉脱维亚	0.867	44	0.871	44	0.887	42	0.888	43
哥伦比亚	0.876	41	0.882	41	0.886	43	0.888	44
巴西	0.867	43	0.875	43	0.882	45	0.886	45

（续表）

国家	2000 年		2005 年		2010 年		2012 年	
	指数	排名	指数	排名	指数	排名	指数	排名
乌克兰	0.837	47	0.829	48	0.848	47	0.854	46
埃及	0.846	46	0.847	46	0.850	46	0.853	47
印度尼西亚	0.829	48	0.840	47	0.847	48	0.850	48
俄罗斯	0.806	50	0.799	50	0.831	49	0.847	49
哈萨克斯坦	0.808	49	0.805	49	0.824	50	0.838	50
印度	0.767	51	0.782	51	0.793	51	0.797	51
南非	0.689	52	0.629	52	0.657	52	0.675	52

5. 人均受教育年限（25 岁及以上）指数及排名

国家	2000 年		2005 年		2010 年		2012 年	
	指数	排名	指数	排名	指数	排名	指数	排名
美国	1.000	1	0.977	2	1.000	1	1.000	1
德国	0.827	21	0.947	4	1.000	2	1.000	2
澳大利亚	0.937	4	0.924	8	0.977	4	0.992	3
挪威	0.906	8	0.969	3	0.977	3	0.977	4
新西兰	0.945	2	0.931	6	0.969	5	0.969	5
以色列	0.945	3	0.939	5	0.961	6	0.969	6
立陶宛	0.858	15	0.901	10	0.961	7	0.961	7
英国	0.913	6	0.931	7	0.953	9	0.953	9
捷克	0.937	5	1.000	1	0.953	8	0.953	8
瑞士	0.898	9	0.916	9	0.946	10	0.946	10
丹麦	0.827	22	0.901	11	0.938	11	0.938	11
荷兰	0.850	17	0.885	15	0.915	12	0.922	12
斯洛文尼亚	0.913	7	0.870	16	0.915	13	0.922	13
韩国	0.835	20	0.870	18	0.915	14	0.915	14
波兰	0.874	13	0.863	19	0.907	17	0.915	15
俄罗斯	0.890	10	0.885	12	0.907	15	0.907	16
瑞典	0.866	14	0.885	14	0.907	16	0.907	17

（续表）

国家	2000 年		2005 年		2010 年		2012 年	
	指数	排名	指数	排名	指数	排名	指数	排名
斯洛伐克	0.882	12	0.885	13	0.899	18	0.899	18
爱尔兰	0.882	11	0.870	17	0.899	19	0.899	19
塞浦路斯	0.787	24	0.817	23	0.876	24	0.899	20
日本	0.850	16	0.847	20	0.891	20	0.891	21
拉脱维亚	0.740	31	0.794	27	0.891	21	0.891	22
乌克兰	0.843	18	0.847	21	0.876	22	0.876	23
匈牙利	0.843	19	0.847	22	0.876	23	0.876	24
法国	0.772	28	0.794	26	0.853	25	0.860	25
克罗地亚	0.740	30	0.740	34	0.837	29	0.853	26
比利时	0.787	23	0.809	24	0.845	26	0.845	27
斯里兰卡	0.787	25	0.794	25	0.837	27	0.837	28
奥地利	0.717	33	0.756	33	0.837	28	0.837	29
罗马尼亚	0.780	27	0.771	29	0.822	30	0.829	30
保加利亚	0.748	29	0.763	31	0.822	31	0.822	31
哈萨克斯坦	0.780	26	0.779	28	0.806	32	0.806	32
冰岛	0.732	32	0.756	32	0.806	33	0.806	33
芬兰	0.646	40	0.771	30	0.798	34	0.798	34
意大利	0.661	39	0.725	36	0.783	35	0.783	35
南非	0.693	35	0.679	38	0.744	38	0.767	36
智利	0.693	36	0.725	35	0.760	36	0.760	37
阿根廷	0.717	34	0.695	37	0.760	37	0.760	38
西班牙	0.661	38	0.679	39	0.736	39	0.744	39
马来西亚	0.646	41	0.679	40	0.736	40	0.736	40
中国	0.670	37	0.634	41	0.702	41	0.715	41
墨西哥	0.528	43	0.573	43	0.643	42	0.659	42
哥斯达黎加	0.630	42	0.603	42	0.636	43	0.651	43
葡萄牙	0.520	45	0.542	45	0.605	44	0.636	44
土耳其	0.433	49	0.458	49	0.558	48	0.589	45

（续表）

国家	2000 年		2005 年		2010 年		2012 年	
	指数	排名	指数	排名	指数	排名	指数	排名
印度尼西亚	0.528	44	0.565	44	0.574	45	0.581	46
泰国	0.480	47	0.511	47	0.566	46	0.566	47
巴西	0.441	48	0.504	48	0.558	47	0.558	48
哥伦比亚	0.512	46	0.519	46	0.550	49	0.550	49
突尼斯	0.378	50	0.435	50	0.504	50	0.504	50
埃及	0.370	51	0.420	51	0.496	51	0.496	51
印度	0.283	52	0.305	52	0.341	52	0.341	52

6. 科学家与工程师人数指数及排名

国家	2000 年		2005 年		2010 年		2012 年	
	指数	排名	指数	排名	指数	排名	指数	排名
中国	0.962	2	1.000	1	1.000	1	1.000	1
美国	1.000	1	0.998	2	0.999	2	0.991	2
日本	0.955	3	0.947	3	0.951	3	0.939	3
俄罗斯	0.928	4	0.906	4	0.919	4	0.908	4
德国	0.854	5	0.848	5	0.895	5	0.888	5
韩国	0.760	9	0.804	8	0.877	6	0.874	6
英国	0.809	7	0.839	6	0.875	7	0.863	7
法国	0.810	6	0.817	7	0.871	8	0.862	8
印度	0.767	8	0.788	9	0.852	9	0.842	9
巴西	0.718	11	0.751	11	0.825	10	0.816	10
西班牙	0.722	10	0.751	10	0.823	11	0.809	11
意大利	0.706	12	0.720	12	0.802	12	0.798	12
澳大利亚	0.706	13	0.719	13	0.793	13	0.783	13
土耳其	0.592	26	0.640	21	0.763	15	0.763	14
波兰	0.687	15	0.690	15	0.764	14	0.758	15
乌克兰	0.696	14	0.701	14	0.759	16	0.750	16
荷兰	0.658	18	0.662	17	0.749	17	0.747	17

（续表）

国家	2000 年		2005 年		2010 年		2012 年	
	指数	排名	指数	排名	指数	排名	指数	排名
阿根廷	0.607	23	0.618	24	0.739	20	0.735	18
葡萄牙	0.557	32	0.574	32	0.737	21	0.735	19
以色列	0.637	19	0.643	19	0.743	18	0.734	20
瑞典	0.667	16	0.677	16	0.742	19	0.733	21
马来西亚	0.453	44	0.519	38	0.727	25	0.730	22
墨西哥	0.588	27	0.653	18	0.735	22	0.728	23
比利时	0.622	22	0.623	23	0.727	24	0.724	24
埃及	0.637	20	0.637	22	0.716	28	0.720	25
芬兰	0.637	21	0.642	20	0.728	23	0.717	26
奥地利	0.596	25	0.606	26	0.717	27	0.714	27
丹麦	0.573	30	0.605	27	0.720	26	0.712	28
捷克	0.536	35	0.589	29	0.700	29	0.702	29
挪威	0.575	29	0.575	31	0.692	30	0.688	30
瑞士	0.605	24	0.594	28	0.688	31	0.679	31
匈牙利	0.541	33	0.544	35	0.674	34	0.675	32
泰国	0.563	31	0.571	33	0.677	32	0.669	33
印度尼西亚	0.664	17	0.612	25	0.674	33	0.666	34
突尼斯	0.470	42	0.535	36	0.669	35	0.661	35
南非	0.539	34	0.553	34	0.664	37	0.656	36
罗马尼亚	0.579	28	0.583	30	0.668	36	0.653	37
新西兰	0.504	36	0.522	37	0.652	38	0.645	38
爱尔兰	0.483	39	0.510	39	0.641	40	0.644	39
斯洛伐克	0.500	37	0.503	40	0.647	39	0.640	40
保加利亚	0.495	38	0.495	41	0.621	41	0.616	41
哈萨克斯坦	0.477	40	0.470	42	0.617	42	0.610	42
斯洛文尼亚	0.410	45	0.425	46	0.592	44	0.598	43
哥伦比亚	0.402	46	0.458	44	0.586	45	0.595	44
立陶宛	0.474	41	0.465	43	0.601	43	0.588	45

（续表）

国家	2000 年		2005 年		2010 年		2012 年	
	指数	排名	指数	排名	指数	排名	指数	排名
克罗地亚	0.459	43	0.434	45	0.586	46	0.574	46
哥斯达黎加	0.185	51	0.178	52	0.567	47	0.567	47
智利	0.401	47	0.420	47	0.564	48	0.557	48
拉脱维亚	0.396	48	0.374	48	0.537	49	0.531	49
冰岛	0.318	50	0.329	49	0.502	50	0.487	50
斯里兰卡	0.352	49	0.321	50	0.489	51	0.483	51
塞浦路斯	0.121	52	0.206	51	0.419	52	0.414	52

7. 每十万人口科学家与工程师人数指数及排名

国家	2000 年		2005 年		2010 年		2012 年	
	指数	排名	指数	排名	指数	排名	指数	排名
芬兰	1.000	1	1.000	1	0.996	2	1.000	1
冰岛	0.997	2	0.996	2	1.000	1	0.993	2
丹麦	0.930	7	0.958	5	0.981	3	0.988	3
以色列	0.941	6	0.954	6	0.979	4	0.986	4
韩国	0.881	19	0.924	10	0.958	5	0.974	5
挪威	0.951	5	0.944	7	0.957	6	0.967	6
瑞典	0.970	4	0.976	3	0.953	7	0.959	7
日本	0.970	3	0.962	4	0.951	8	0.958	8
葡萄牙	0.839	25	0.852	26	0.933	9	0.950	9
奥地利	0.908	13	0.913	13	0.931	11	0.945	10
澳大利亚	0.923	11	0.929	9	0.931	10	0.943	11
斯洛文尼亚	0.872	22	0.882	21	0.916	16	0.940	12
德国	0.912	12	0.906	15	0.922	13	0.934	13
英国	0.904	16	0.932	8	0.927	12	0.930	14
美国	0.924	9	0.920	11	0.918	15	0.929	15
比利时	0.907	14	0.902	17	0.915	17	0.929	16
法国	0.905	15	0.907	14	0.919	14	0.927	17

（续表）

国家	2000 年		2005 年		2010 年		2012 年	
	指数	排名	指数	排名	指数	排名	指数	排名
新西兰	0.894	18	0.902	18	0.915	18	0.921	18
荷兰	0.895	17	0.894	19	0.899	20	0.915	19
爱尔兰	0.875	20	0.888	20	0.897	21	0.915	20
瑞士	0.930	8	0.913	12	0.901	19	0.908	21
捷克	0.818	31	0.870	23	0.882	26	0.902	22
俄罗斯	0.924	10	0.905	16	0.894	22	0.901	23
斯洛伐克	0.853	24	0.853	25	0.883	25	0.890	24
西班牙	0.857	23	0.878	22	0.888	23	0.887	25
立陶宛	0.874	21	0.868	24	0.883	24	0.884	26
匈牙利	0.823	30	0.824	28	0.853	27	0.872	27
拉脱维亚	0.838	26	0.817	29	0.838	28	0.846	28
突尼斯	0.756	35	0.816	31	0.836	29	0.843	29
意大利	0.801	33	0.812	32	0.828	30	0.842	30
波兰	0.825	29	0.828	27	0.827	31	0.837	31
马来西亚	0.637	45	0.696	43	0.811	34	0.830	32
克罗地亚	0.831	27	0.803	34	0.824	32	0.824	33
保加利亚	0.803	32	0.804	33	0.813	33	0.824	34
哥斯达黎加	0.522	52	0.538	51	0.789	36	0.803	35
乌克兰	0.827	28	0.817	30	0.800	35	0.800	36
阿根廷	0.746	36	0.752	37	0.787	37	0.798	37
中国	0.714	37	0.755	36	0.756	39	0.777	38
土耳其	0.669	41	0.712	40	0.756	40	0.773	39
罗马尼亚	0.774	34	0.778	35	0.758	38	0.753	40
塞浦路斯	0.655	42	0.727	38	0.747	41	0.748	41
巴西	0.686	38	0.714	39	0.731	42	0.736	42
哈萨克斯坦	0.680	40	0.696	42	0.721	43	0.726	43
埃及	0.680	39	0.696	41	0.681	44	0.702	44
墨西哥	0.609	46	0.670	44	0.662	45	0.668	45

（续表）

国家	2000 年		2005 年		2010 年		2012 年	
	指数	排名	指数	排名	指数	排名	指数	排名
南非	0.651	43	0.659	45	0.656	46	0.661	46
泰国	0.640	44	0.643	46	0.646	47	0.651	47
智利	0.601	48	0.639	47	0.641	48	0.646	48
哥伦比亚	0.523	51	0.572	48	0.561	50	0.585	49
印度	0.535	50	0.551	49	0.565	49	0.569	50
斯里兰卡	0.556	49	0.550	50	0.516	51	0.520	51
印度尼西亚	0.609	47	0.516	52	0.501	52	0.516	52

8. 人均预期受教育年限指数及排名

国家	2000 年		2005 年		2010 年		2012 年	
	指数	排名	指数	排名	指数	排名	指数	排名
澳大利亚	1.000	1	1.000	1	0.991	2	1.000	1
新西兰	0.859	6	0.958	2	1.000	1	0.947	2
冰岛	0.841	7	0.903	3	0.949	3	0.938	3
丹麦	0.801	10	0.845	7	0.861	9	0.924	4
爱尔兰	0.822	8	0.873	5	0.949	4	0.918	5
阿根廷	0.724	24	0.762	23	0.836	14	0.888	6
荷兰	0.821	9	0.822	11	0.866	6	0.886	7
挪威	0.864	5	0.875	4	0.890	5	0.865	8
西班牙	0.784	13	0.797	16	0.856	12	0.858	9
芬兰	0.874	4	0.857	6	0.861	8	0.844	10
韩国	0.787	12	0.824	10	0.860	10	0.834	11
斯洛文尼亚	0.725	23	0.830	9	0.863	7	0.831	12
德国	0.779	14	0.799	14	0.824	18	0.814	13
美国	0.755	18	0.792	19	0.834	15	0.813	14
立陶宛	0.717	26	0.820	12	0.860	11	0.810	15
比利时	0.895	3	0.789	20	0.816	20	0.808	16
葡萄牙	0.771	15	0.762	22	0.828	16	0.807	17

（续表）

国家	2000 年		2005 年		2010 年		2012 年	
	指数	排名	指数	排名	指数	排名	指数	排名
捷克	0.687	30	0.742	30	0.827	17	0.807	18
英国	0.792	11	0.830	8	0.854	13	0.800	19
意大利	0.737	21	0.798	15	0.817	19	0.793	20
法国	0.769	16	0.793	18	0.811	21	0.791	21
以色列	0.745	20	0.788	21	0.798	24	0.789	22
瑞典	0.931	2	0.794	17	0.810	22	0.782	23
瑞士	0.749	19	0.760	24	0.792	26	0.781	24
奥地利	0.759	17	0.748	27	0.793	25	0.779	25
波兰	0.729	22	0.755	26	0.784	27	0.765	26
匈牙利	0.702	28	0.759	25	0.781	28	0.761	27
日本	0.722	25	0.746	29	0.770	30	0.758	28
拉脱维亚	0.701	29	0.808	13	0.802	23	0.754	29
智利	0.636	35	0.700	35	0.758	32	0.754	30
巴西	0.705	27	0.709	33	0.773	29	0.752	31
乌克兰	0.622	37	0.712	32	0.750	33	0.746	32
斯洛伐克	0.655	31	0.713	31	0.766	31	0.745	33
哈萨克斯坦	0.624	36	0.747	28	0.749	34	0.743	34
克罗地亚	0.606	41	0.693	36	0.730	37	0.732	35
俄罗斯	0.611	39	0.682	37	0.712	39	0.726	36
突尼斯	0.646	32	0.703	34	0.738	35	0.722	37
土耳其	0.547	49	0.595	49	0.706	41	0.719	38
保加利亚	0.637	34	0.674	39	0.722	38	0.710	39
罗马尼亚	0.574	44	0.670	40	0.737	36	0.697	40
塞浦路斯	0.611	40	0.675	38	0.712	40	0.691	41
斯里兰卡	0.616	38	0.650	42	0.691	42	0.678	42
哥斯达黎加	0.562	47	0.595	48	0.671	45	0.677	43
南非	0.646	33	0.655	41	0.666	46	0.670	44
埃及	0.586	43	0.615	46	0.663	47	0.669	45

（续表）

国家	2000 年		2005 年		2010 年		2012 年	
	指数	排名	指数	排名	指数	排名	指数	排名
泰国	0.552	48	0.617	45	0.672	44	0.666	46
哥伦比亚	0.565	46	0.624	44	0.689	43	0.653	47
墨西哥	0.571	45	0.607	47	0.647	48	0.646	48
中国	0.458	51	0.535	51	0.629	51	0.646	49
印度尼西亚	0.528	50	0.558	50	0.637	50	0.642	50
马来西亚	0.589	42	0.636	43	0.646	49	0.628	51
印度	0.418	52	0.500	52	0.565	52	0.579	52

9. 每十万人口在校大学生数指数及排名

国家	2000 年		2005 年		2010 年		2012 年	
	指数	排名	指数	排名	指数	排名	指数	排名
韩国	1.000	1	1.000	1	1.000	1	1.000	1
阿根廷	0.965	3	0.973	11	0.991	5	0.996	2
美国	0.961	4	0.981	7	0.996	3	0.996	3
智利	0.909	32	0.941	22	0.982	7	0.992	4
澳大利亚	0.955	7	0.965	14	0.981	9	0.983	5
土耳其	0.887	36	0.911	35	0.964	15	0.983	6
冰岛	0.927	21	0.967	12	0.980	10	0.982	7
新西兰	0.956	6	0.982	6	0.988	6	0.982	8
立陶宛	0.928	19	0.984	3	0.997	2	0.981	9
芬兰	0.974	2	0.982	5	0.980	11	0.979	10
俄罗斯	0.953	8	0.990	2	0.992	4	0.977	11
波兰	0.947	13	0.976	9	0.979	12	0.970	12
乌克兰	0.935	16	0.976	10	0.981	8	0.970	13
斯洛文尼亚	0.950	12	0.978	8	0.979	13	0.965	14
以色列	0.951	9	0.958	16	0.963	16	0.963	15
丹麦	0.930	18	0.947	20	0.950	21	0.962	16
挪威	0.951	10	0.956	17	0.956	18	0.959	17

（续表）

国家	2000 年		2005 年		2010 年		2012 年	
	指数	排名	指数	排名	指数	排名	指数	排名
瑞典	0.942	14	0.958	15	0.963	17	0.959	18
荷兰	0.914	29	0.923	28	0.938	29	0.959	19
拉脱维亚	0.940	15	0.983	4	0.974	14	0.958	20
奥地利	0.921	25	0.906	39	0.945	23	0.951	21
比利时	0.928	20	0.931	24	0.943	26	0.948	22
哥斯达黎加	0.871	41	0.889	45	0.944	25	0.945	23
爱尔兰	0.950	11	0.952	18	0.950	20	0.945	24
西班牙	0.959	5	0.944	21	0.943	27	0.945	25
捷克	0.890	35	0.917	32	0.945	24	0.943	26
哥伦比亚	0.883	38	0.900	40	0.929	37	0.942	27
斯洛伐克	0.892	34	0.920	30	0.949	22	0.941	28
哈萨克斯坦	0.892	33	0.965	13	0.936	33	0.939	29
罗马尼亚	0.866	43	0.919	31	0.956	19	0.939	30
英国	0.927	22	0.933	23	0.941	28	0.938	31
保加利亚	0.921	24	0.910	37	0.937	30	0.937	32
匈牙利	0.912	31	0.948	19	0.937	31	0.934	33
马来西亚	0.883	37	0.895	41	0.933	34	0.930	34
葡萄牙	0.933	17	0.928	25	0.929	36	0.930	35
塞浦路斯	0.832	48	0.892	43	0.936	32	0.929	36
克罗地亚	0.874	40	0.909	38	0.924	40	0.929	37
泰国	0.913	30	0.927	26	0.930	35	0.928	38
法国	0.926	23	0.926	27	0.927	38	0.927	39
德国	0.871	42	0.891	44	0.920	42	0.926	40
瑞士	0.876	39	0.895	42	0.915	44	0.920	41
突尼斯	0.858	45	0.911	36	0.926	39	0.917	42
巴西	0.839	46	0.884	46	0.908	46	0.914	43
意大利	0.915	28	0.922	29	0.918	43	0.913	44
日本	0.918	26	0.913	34	0.909	45	0.908	45

（续表）

国家	2000 年		2005 年		2010 年		2012 年	
	指数	排名	指数	排名	指数	排名	指数	排名
埃及	0.917	27	0.917	33	0.922	41	0.901	46
墨西哥	0.859	44	0.869	47	0.883	47	0.891	47
印度尼西亚	0.832	47	0.838	48	0.866	49	0.887	48
中国	0.723	51	0.833	49	0.877	48	0.880	49
印度	0.775	49	0.787	50	0.845	50	0.877	50
南非	0.761	50	0.782	51	0.844	51	0.856	51
斯里兰卡	0.649	52	0.742	52	0.810	52	0.811	52

10. 在校大学生数指数及排名

国家	2000 年		2005 年		2010 年		2012 年	
	指数	排名	指数	排名	指数	排名	指数	排名
中国	0.964	3	1.000	1	1.000	1	1.000	1
印度	0.979	2	0.967	3	0.977	2	0.992	2
美国	1.000	1	0.990	2	0.976	3	0.975	3
俄罗斯	0.955	4	0.951	4	0.928	4	0.919	4
巴西	0.905	8	0.911	5	0.910	5	0.913	5
印度尼西亚	0.912	6	0.897	7	0.894	6	0.904	6
土耳其	0.867	20	0.865	17	0.874	8	0.884	7
日本	0.927	5	0.903	6	0.879	7	0.877	8
韩国	0.909	7	0.890	8	0.870	9	0.869	9
墨西哥	0.884	13	0.872	11	0.862	10	0.865	10
德国	0.890	9	0.872	10	0.860	11	0.861	11
阿根廷	0.877	17	0.864	18	0.855	14	0.857	12
英国	0.885	12	0.870	14	0.854	15	0.851	13
泰国	0.882	14	0.871	13	0.852	16	0.850	14
乌克兰	0.879	16	0.877	9	0.857	12	0.849	15
埃及	0.886	10	0.871	12	0.857	13	0.847	16
法国	0.885	11	0.867	15	0.848	17	0.847	17

（续表）

国家	2000 年		2005 年		2010 年		2012 年	
	指数	排名	指数	排名	指数	排名	指数	排名
波兰	0.870	19	0.865	16	0.845	18	0.839	18
西班牙	0.879	15	0.856	20	0.837	20	0.838	19
哥伦比亚	0.838	21	0.832	21	0.831	21	0.837	20
意大利	0.877	18	0.862	19	0.841	19	0.836	21
澳大利亚	0.832	22	0.822	22	0.815	22	0.817	22
智利	0.794	25	0.796	26	0.800	25	0.805	23
马来西亚	0.806	23	0.799	25	0.804	23	0.803	24
南非	0.787	27	0.790	27	0.796	26	0.799	25
罗马尼亚	0.794	26	0.802	24	0.801	24	0.796	26
荷兰	0.799	24	0.786	28	0.776	27	0.785	27
哈萨克斯坦	0.782	28	0.804	23	0.772	28	0.774	28
比利时	0.779	30	0.764	31	0.754	30	0.756	29
瑞典	0.778	31	0.770	30	0.755	29	0.753	30
捷克	0.759	36	0.756	33	0.753	31	0.751	31
葡萄牙	0.782	29	0.763	32	0.745	33	0.744	32
匈牙利	0.770	32	0.771	29	0.746	32	0.743	33
以色列	0.759	37	0.751	34	0.742	35	0.743	34
奥地利	0.761	34	0.737	37	0.740	36	0.742	35
突尼斯	0.738	41	0.751	35	0.744	34	0.739	36
芬兰	0.763	33	0.750	36	0.732	37	0.731	37
保加利亚	0.761	35	0.735	39	0.729	38	0.726	38
丹麦	0.741	38	0.734	40	0.718	42	0.724	39
斯里兰卡	0.738	40	0.730	41	0.723	40	0.723	40
瑞士	0.729	44	0.725	43	0.720	41	0.723	41
新西兰	0.735	42	0.736	38	0.724	39	0.721	42
挪威	0.741	39	0.729	42	0.714	44	0.716	43
斯洛伐克	0.721	45	0.719	46	0.717	43	0.711	44
哥斯达黎加	0.678	50	0.689	50	0.706	47	0.706	45

（续表）

国家	2000 年		2005 年		2010 年		2012 年	
	指数	排名	指数	排名	指数	排名	指数	排名
爱尔兰	0.731	43	0.721	45	0.706	46	0.703	46
立陶宛	0.714	46	0.723	44	0.708	45	0.698	47
克罗地亚	0.700	47	0.701	47	0.691	48	0.692	48
斯洛文尼亚	0.691	49	0.691	49	0.675	49	0.668	49
拉脱维亚	0.696	48	0.700	48	0.674	50	0.664	50
塞浦路斯	0.564	51	0.588	51	0.602	51	0.599	51
冰岛	0.560	52	0.572	52	0.568	52	0.570	52

11. 公共教育经费占 GDP 比例指数及排名

国家	2000 年		2005 年		2010 年		2012 年	
	指数	排名	指数	排名	指数	排名	指数	排名
丹麦	1.000	1	1.000	1	1.000	1	1.000	1
泰国	0.653	17	0.510	35	0.426	45	0.865	2
冰岛	0.805	3	0.915	2	0.863	2	0.842	3
新西兰	0.801	4	0.763	7	0.811	5	0.841	4
塞浦路斯	0.645	19	0.834	4	0.826	4	0.828	5
瑞典	0.864	2	0.830	5	0.793	6	0.780	6
芬兰	0.711	10	0.759	8	0.777	8	0.773	7
乌克兰	0.503	34	0.730	10	0.830	3	0.762	8
南非	0.674	15	0.637	21	0.677	15	0.751	9
挪威	0.794	5	0.840	3	0.780	7	0.749	10
比利时	0.721	8	0.714	11	0.747	9	0.749	11
哥斯达黎加	0.530	30	0.590	27	0.713	11	0.718	12
突尼斯	0.748	7	0.777	6	0.710	12	0.712	13
爱尔兰	0.512	33	0.569	30	0.727	10	0.704	14
英国	0.539	27	0.648	20	0.707	13	0.690	15
马来西亚	0.720	9	0.714	12	0.581	28	0.679	16
荷兰	0.598	23	0.661	16	0.679	14	0.678	17

（续表）

国家	2000 年		2005 年		2010 年		2012 年	
	指数	排名	指数	排名	指数	排名	指数	排名
巴西	0.484	36	0.546	31	0.661	18	0.666	18
奥地利	0.691	12	0.655	19	0.672	16	0.663	19
斯洛文尼亚	0.685	14	0.684	14	0.645	19	0.650	20
法国	0.687	13	0.684	13	0.666	17	0.649	21
以色列	0.782	6	0.738	9	0.635	21	0.645	22
葡萄牙	0.628	20	0.628	22	0.639	20	0.603	23
瑞士	0.613	21	0.666	15	0.595	25	0.603	24
美国	0.658	16	0.611	23	0.615	23	0.598	25
立陶宛	0.710	11	0.588	28	0.609	24	0.591	26
墨西哥	0.499	35	0.591	26	0.590	26	0.588	27
阿根廷	0.456	41	0.419	44	0.523	35	0.587	28
澳大利亚	0.590	26	0.591	25	0.633	22	0.584	29
德国	0.534	29	0.533	32	0.577	29	0.569	30
西班牙	0.517	31	0.509	36	0.566	31	0.569	31
波兰	0.605	22	0.659	17	0.587	27	0.565	32
拉脱维亚	0.646	18	0.611	24	0.571	30	0.564	33
韩国	0.470	38	0.470	39	0.530	34	0.556	34
匈牙利	0.598	24	0.658	18	0.556	32	0.539	35
智利	0.447	42	0.389	46	0.475	40	0.521	36
捷克	0.462	40	0.491	37	0.482	38	0.515	37
哥伦比亚	0.424	44	0.481	38	0.548	33	0.501	38
意大利	0.536	28	0.531	33	0.511	36	0.491	39
中国	0.346	49	0.339	50	0.416	46	0.489	40
克罗地亚	0.466	39	0.467	40	0.489	37	0.481	41
俄罗斯	0.355	47	0.455	42	0.466	41	0.469	42
斯洛伐克	0.473	37	0.464	41	0.480	39	0.464	43
日本	0.437	43	0.420	43	0.429	43	0.440	44
保加利亚	0.417	45	0.512	34	0.465	42	0.437	45

（续表）

国家	2000 年		2005 年		2010 年		2012 年	
	指数	排名	指数	排名	指数	排名	指数	排名
印度	0.513	32	0.378	47	0.377	48	0.434	46
埃及	0.597	25	0.578	29	0.427	44	0.430	47
印度尼西亚	0.297	51	0.346	49	0.340	51	0.408	48
罗马尼亚	0.346	48	0.419	45	0.400	47	0.351	49
哈萨克斯坦	0.393	46	0.273	51	0.348	49	0.350	50
土耳其	0.312	50	0.376	48	0.341	50	0.343	51
斯里兰卡	0.241	52	0.241	52	0.223	52	0.197	52

12. 人均公共教育经费指数及排名

国家	2000 年		2005 年		2010 年		2012 年	
	指数	排名	指数	排名	指数	排名	指数	排名
挪威	0.999	2	1.000	1	1.000	1	1.000	1
丹麦	1.000	1	0.982	3	0.980	2	0.975	2
瑞士	0.960	6	0.944	4	0.945	3	0.955	3
瑞典	0.972	5	0.943	5	0.938	4	0.941	4
芬兰	0.930	7	0.926	6	0.928	5	0.927	5
澳大利亚	0.885	16	0.886	14	0.926	7	0.925	6
爱尔兰	0.897	15	0.923	7	0.927	6	0.921	7
冰岛	0.976	3	0.989	2	0.922	8	0.919	8
荷兰	0.915	13	0.916	8	0.922	9	0.919	9
比利时	0.922	11	0.909	10	0.915	10	0.914	10
奥地利	0.924	9	0.903	13	0.908	11	0.906	11
新西兰	0.869	18	0.884	15	0.893	14	0.904	12
美国	0.973	4	0.914	9	0.905	12	0.894	13
法国	0.919	12	0.904	12	0.899	13	0.894	14
英国	0.900	14	0.906	11	0.891	15	0.886	15
德国	0.870	17	0.859	17	0.877	16	0.876	16
塞浦路斯	0.839	20	0.870	16	0.875	17	0.871	17

（续表）

国家	2000 年		2005 年		2010 年		2012 年	
	指数	排名	指数	排名	指数	排名	指数	排名
以色列	0.928	8	0.851	19	0.860	18	0.862	18
日本	0.923	10	0.846	20	0.852	19	0.853	19
意大利	0.865	19	0.854	18	0.844	20	0.837	20
西班牙	0.822	22	0.831	21	0.842	21	0.837	21
斯洛文尼亚	0.822	21	0.823	22	0.828	22	0.826	22
韩国	0.781	25	0.784	24	0.795	24	0.808	23
葡萄牙	0.817	23	0.814	23	0.818	23	0.806	24
捷克	0.690	32	0.741	26	0.770	25	0.777	25
俄罗斯	0.505	45	0.629	39	0.737	31	0.761	26
阿根廷	0.749	26	0.628	40	0.722	35	0.755	27
立陶宛	0.781	24	0.707	28	0.744	28	0.751	28
斯洛伐克	0.640	38	0.692	31	0.751	26	0.749	29
智利	0.669	33	0.652	35	0.722	34	0.745	30
拉脱维亚	0.661	35	0.680	32	0.733	33	0.743	31
波兰	0.692	31	0.721	27	0.743	29	0.741	32
匈牙利	0.693	30	0.758	25	0.741	30	0.738	33
巴西	0.642	37	0.637	37	0.745	27	0.737	34
克罗地亚	0.696	29	0.699	30	0.734	32	0.728	35
马来西亚	0.701	28	0.673	33	0.703	37	0.728	36
墨西哥	0.717	27	0.706	29	0.707	36	0.709	37
南非	0.654	36	0.664	34	0.696	38	0.703	38
泰国	0.597	41	0.562	45	0.598	47	0.686	39
哥斯达黎加	0.663	34	0.637	36	0.690	39	0.683	40
哥伦比亚	0.573	42	0.582	44	0.656	40	0.664	41
保加利亚	0.525	43	0.602	42	0.643	41	0.641	42
罗马尼亚	0.495	46	0.600	43	0.643	42	0.633	43
突尼斯	0.632	39	0.633	38	0.640	43	0.633	44
乌克兰	0.419	50	0.558	46	0.601	46	0.633	45

（续表）

国家	2000 年		2005 年		2010 年		2012 年	
	指数	排名	指数	排名	指数	排名	指数	排名
中国	0.422	49	0.462	49	0.584	48	0.627	46
哈萨克斯坦	0.475	47	0.528	47	0.623	44	0.616	47
土耳其	0.600	40	0.618	41	0.621	45	0.615	48
印度尼西亚	0.374	52	0.427	51	0.516	49	0.552	49
埃及	0.519	44	0.485	48	0.506	50	0.500	50
印度	0.380	51	0.373	52	0.443	52	0.460	51
斯里兰卡	0.472	48	0.438	50	0.443	51	0.442	52

13. 公共卫生支出占 GDP 比例指数及排名

国家	2000 年		2005 年		2010 年		2012 年	
	指数	排名	指数	排名	指数	排名	指数	排名
荷兰	0.607	24	0.825	10	1.000	1	1.000	1
丹麦	0.882	5	0.968	3	0.978	2	0.933	2
法国	0.968	2	1.000	1	0.929	3	0.890	3
德国	1.000	1	0.971	2	0.920	4	0.856	4
新西兰	0.713	13	0.780	14	0.859	6	0.838	5
日本	0.743	10	0.783	13	0.817	10	0.836	6
奥地利	0.917	4	0.920	4	0.871	5	0.834	7
比利时	0.733	12	0.837	8	0.821	9	0.812	8
美国	0.684	16	0.789	12	0.840	7	0.793	9
挪威	0.840	6	0.885	6	0.828	8	0.782	10
英国	0.663	19	0.775	15	0.816	11	0.771	11
瑞典	0.840	7	0.863	7	0.801	12	0.771	12
哥斯达黎加	0.673	17	0.641	25	0.736	19	0.746	13
瑞士	0.664	18	0.758	16	0.738	18	0.745	14
冰岛	0.931	3	0.901	5	0.775	13	0.721	15
意大利	0.707	14	0.799	11	0.770	15	0.704	16

（续表）

国家	2000 年		2005 年		2010 年		2012 年	
	指数	排名	指数	排名	指数	排名	指数	排名
芬兰	0.622	22	0.730	17	0.692	21	0.675	17
斯洛文尼亚	0.740	11	0.729	18	0.698	20	0.663	18
西班牙	0.625	21	0.689	22	0.744	16	0.660	19
葡萄牙	0.749	9	0.825	9	0.774	14	0.630	20
捷克	0.690	15	0.710	19	0.646	23	0.628	21
爱尔兰	0.554	27	0.676	23	0.665	22	0.594	22
澳大利亚	0.652	20	0.663	24	0.628	24	0.592	23
克罗地亚	0.808	8	0.705	20	0.742	17	0.577	24
斯洛伐克	0.594	25	0.615	26	0.601	25	0.563	25
哥伦比亚	0.566	26	0.506	30	0.516	29	0.512	26
匈牙利	0.614	23	0.694	21	0.542	26	0.494	27
波兰	0.468	31	0.505	31	0.519	28	0.463	28
阿根廷	0.496	30	0.430	35	0.433	36	0.463	29
巴西	0.349	40	0.407	37	0.439	34	0.448	30
罗马尼亚	0.426	33	0.519	28	0.496	30	0.442	31
以色列	0.539	29	0.517	29	0.463	31	0.436	32
立陶宛	0.544	28	0.464	32	0.520	27	0.431	33
南非	0.414	34	0.396	38	0.419	38	0.427	34
保加利亚	0.456	32	0.522	27	0.438	35	0.414	35
韩国	0.264	45	0.351	40	0.431	37	0.412	36
突尼斯	0.358	38	0.336	41	0.395	40	0.412	37
乌克兰	0.350	39	0.447	33	0.459	32	0.410	38
土耳其	0.377	37	0.434	34	0.458	33	0.410	39
泰国	0.231	47	0.268	46	0.295	45	0.355	40
拉脱维亚	0.395	35	0.427	36	0.409	39	0.354	41
智利	0.315	41	0.297	44	0.344	43	0.346	42
塞浦路斯	0.291	42	0.312	42	0.359	42	0.341	43
俄罗斯	0.393	36	0.379	39	0.382	41	0.329	44

（续表）

国家	2000 年		2005 年		2010 年		2012 年	
	指数	排名	指数	排名	指数	排名	指数	排名
墨西哥	0.286	43	0.310	43	0.322	44	0.313	45
中国	0.214	49	0.213	49	0.280	46	0.300	46
哈萨克斯坦	0.256	46	0.296	45	0.262	47	0.239	47
马来西亚	0.205	50	0.198	50	0.237	48	0.220	48
埃及	0.266	44	0.236	47	0.194	49	0.189	49
斯里兰卡	0.219	48	0.213	48	0.161	50	0.120	50
印度尼西亚	0.086	52	0.094	52	0.114	52	0.119	51
印度	0.141	51	0.117	51	0.120	51	0.115	52

14. 人均公共卫生支出指数及排名

国家	2000 年		2005 年		2010 年		2012 年	
	指数	排名	指数	排名	指数	排名	指数	排名
挪威	1.000	1	1.000	1	1.000	1	1.000	1
瑞士	0.964	6	0.954	4	0.964	3	0.968	2
丹麦	0.978	4	0.972	3	0.971	2	0.956	3
荷兰	0.911	13	0.937	10	0.961	4	0.948	4
瑞典	0.962	7	0.942	6	0.933	6	0.932	5
美国	0.969	5	0.939	7	0.935	5	0.926	6
澳大利亚	0.893	17	0.894	17	0.920	12	0.925	7
奥地利	0.955	10	0.937	9	0.932	8	0.922	8
日本	0.985	3	0.915	15	0.920	11	0.922	9
法国	0.957	9	0.943	5	0.932	7	0.918	10
德国	0.958	8	0.930	11	0.925	9	0.912	11
比利时	0.919	12	0.923	12	0.921	10	0.912	12
芬兰	0.907	14	0.916	14	0.909	14	0.900	13
新西兰	0.853	19	0.881	18	0.894	17	0.900	14
英国	0.920	11	0.922	13	0.903	16	0.894	15
冰岛	0.988	2	0.981	2	0.904	15	0.893	16

（续表）

国家	2000 年		2005 年		2010 年		2012 年	
	指数	排名	指数	排名	指数	排名	指数	排名
爱尔兰	0.902	15	0.938	8	0.911	13	0.889	17
意大利	0.895	16	0.898	16	0.887	18	0.865	18
西班牙	0.841	20	0.862	19	0.869	19	0.840	19
斯洛文尼亚	0.819	22	0.826	21	0.833	21	0.815	20
以色列	0.875	18	0.805	22	0.820	22	0.813	21
葡萄牙	0.834	21	0.841	20	0.836	20	0.797	22
捷克	0.736	24	0.781	23	0.800	23	0.787	23
韩国	0.710	27	0.746	27	0.775	26	0.774	24
斯洛伐克	0.665	30	0.722	28	0.774	27	0.764	25
塞浦路斯	0.732	26	0.749	26	0.776	25	0.759	26
克罗地亚	0.734	25	0.754	25	0.779	24	0.739	27
哥斯达黎加	0.689	29	0.650	33	0.714	31	0.732	28
阿根廷	0.755	23	0.628	34	0.698	32	0.728	29
匈牙利	0.692	28	0.760	24	0.736	28	0.717	30
立陶宛	0.635	33	0.676	30	0.724	30	0.714	31
波兰	0.655	31	0.686	29	0.727	29	0.713	32
智利	0.620	35	0.617	37	0.684	36	0.699	33
巴西	0.596	37	0.600	41	0.696	33	0.694	34
拉脱维亚	0.594	38	0.654	32	0.693	34	0.691	35
俄罗斯	0.515	44	0.605	39	0.676	37	0.685	36
土耳其	0.620	34	0.655	31	0.691	35	0.678	37
哥伦比亚	0.606	36	0.586	42	0.648	39	0.668	38
罗马尼亚	0.518	43	0.622	36	0.666	38	0.652	39
南非	0.588	39	0.606	38	0.640	40	0.641	40
墨西哥	0.642	32	0.627	35	0.636	41	0.639	41
哈萨克斯坦	0.417	47	0.536	43	0.618	43	0.636	42
保加利亚	0.523	42	0.602	40	0.635	42	0.633	43
马来西亚	0.536	40	0.534	44	0.600	44	0.606	44

（续表）

国家	2000 年		2005 年		2010 年		2012 年	
	指数	排名	指数	排名	指数	排名	指数	排名
泰国	0.461	45	0.484	47	0.556	46	0.588	45
中国	0.356	49	0.405	48	0.540	48	0.581	46
突尼斯	0.534	41	0.531	45	0.573	45	0.574	47
乌克兰	0.371	48	0.499	46	0.552	47	0.566	48
埃及	0.445	46	0.379	49	0.448	49	0.460	49
印度尼西亚	0.219	51	0.273	51	0.394	51	0.418	50
斯里兰卡	0.355	50	0.364	50	0.409	50	0.393	51
印度	0.212	52	0.235	52	0.316	52	0.318	52

15. 国内生产总值指数及排名

国家	2000 年		2005 年		2010 年		2012 年	
	指数	排名	指数	排名	指数	排名	指数	排名
美国	1.000	1	1.000	1	1.000	1	1.000	1
中国	0.767	6	0.816	5	0.904	2	0.932	2
日本	0.916	2	0.889	2	0.896	3	0.897	3
德国	0.817	3	0.836	3	0.843	4	0.840	4
法国	0.782	5	0.812	6	0.820	5	0.815	5
英国	0.791	4	0.818	4	0.805	6	0.806	6
巴西	0.700	9	0.715	10	0.798	7	0.796	7
意大利	0.759	7	0.790	7	0.794	8	0.785	8
俄罗斯	0.602	17	0.700	13	0.762	10	0.785	9
印度	0.668	12	0.710	12	0.774	9	0.777	10
澳大利亚	0.648	14	0.696	14	0.742	12	0.758	11
西班牙	0.689	10	0.742	8	0.753	11	0.742	12
韩国	0.685	11	0.717	9	0.728	13	0.734	13
墨西哥	0.707	8	0.714	11	0.724	14	0.730	14
印度尼西亚	0.553	24	0.597	23	0.683	17	0.699	15
荷兰	0.651	13	0.687	15	0.700	15	0.693	16

（续表）

国家	2000 年		2005 年		2010 年		2012 年	
	指数	排名	指数	排名	指数	排名	指数	排名
土耳其	0.605	16	0.652	16	0.686	16	0.688	17
瑞士	0.600	18	0.628	17	0.656	18	0.665	18
阿根廷	0.631	15	0.569	26	0.638	22	0.661	19
瑞典	0.596	19	0.624	19	0.638	21	0.646	20
挪威	0.555	23	0.603	22	0.629	23	0.641	21
波兰	0.557	22	0.603	21	0.640	20	0.639	22
比利时	0.590	20	0.626	18	0.640	19	0.638	23
奥地利	0.569	21	0.604	20	0.617	24	0.617	24
南非	0.529	26	0.581	25	0.614	25	0.614	25
哥伦比亚	0.498	33	0.526	31	0.589	28	0.610	26
泰国	0.521	29	0.546	30	0.600	26	0.609	27
丹麦	0.549	25	0.586	24	0.598	27	0.594	28
马来西亚	0.492	34	0.524	32	0.573	30	0.590	29
智利	0.472	35	0.508	35	0.560	34	0.576	30
埃及	0.498	32	0.474	39	0.560	35	0.575	31
以色列	0.528	27	0.522	33	0.567	31	0.573	32
芬兰	0.523	28	0.561	28	0.574	29	0.572	33
爱尔兰	0.498	31	0.564	27	0.561	33	0.558	34
葡萄牙	0.516	30	0.555	29	0.565	32	0.553	35
哈萨克斯坦	0.315	45	0.427	41	0.520	38	0.549	36
捷克	0.441	36	0.514	34	0.550	36	0.545	37
乌克兰	0.373	40	0.470	40	0.511	40	0.534	38
新西兰	0.431	37	0.498	36	0.516	39	0.530	39
罗马尼亚	0.392	39	0.486	38	0.531	37	0.529	40
匈牙利	0.415	38	0.496	37	0.504	41	0.498	41
斯洛伐克	0.327	44	0.408	42	0.465	42	0.466	42
斯里兰卡	0.306	46	0.337	48	0.406	44	0.421	43
克罗地亚	0.332	42	0.401	43	0.424	43	0.415	44

（续表）

国家	2000 年		2005 年		2010 年		2012 年	
	指数	排名	指数	排名	指数	排名	指数	排名
保加利亚	0.277	48	0.355	46	0.402	46	0.406	45
斯洛文尼亚	0.327	43	0.379	44	0.403	45	0.396	46
哥斯达黎加	0.300	47	0.316	49	0.374	49	0.394	47
突尼斯	0.332	41	0.366	45	0.394	47	0.393	48
立陶宛	0.264	49	0.344	47	0.375	48	0.387	49
拉脱维亚	0.222	52	0.292	52	0.331	50	0.345	50
塞浦路斯	0.240	50	0.298	50	0.327	51	0.323	51
冰岛	0.234	51	0.295	51	0.263	52	0.269	52

16. 劳动生产率指数及排名

国家	2000 年		2005 年		2010 年		2012 年	
	指数	排名	指数	排名	指数	排名	指数	排名
挪威	0.996	2	1.000	1	1.000	1	1.000	1
瑞士	0.986	8	0.973	5	0.975	2	0.972	2
澳大利亚	0.954	18	0.952	17	0.967	7	0.971	3
比利时	0.991	4	0.982	3	0.974	3	0.966	4
爱尔兰	0.987	7	0.988	2	0.968	5	0.959	5
丹麦	0.976	12	0.971	7	0.968	6	0.959	6
意大利	0.990	5	0.980	4	0.972	4	0.956	7
美国	0.995	3	0.969	8	0.960	10	0.955	8
法国	0.982	9	0.972	6	0.965	8	0.954	9
瑞典	0.977	10	0.963	12	0.958	12	0.954	10
芬兰	0.969	16	0.966	10	0.962	9	0.952	11
日本	1.000	1	0.957	16	0.953	14	0.951	12
奥地利	0.977	11	0.966	9	0.958	11	0.948	13
荷兰	0.971	15	0.963	14	0.958	13	0.944	14
德国	0.972	14	0.958	15	0.951	15	0.942	15
英国	0.973	13	0.963	13	0.939	17	0.932	16

（续表）

国家	2000 年		2005 年		2010 年		2012 年	
	指数	排名	指数	排名	指数	排名	指数	排名
以色列	0.989	6	0.940	19	0.947	16	0.925	17
新西兰	0.917	20	0.924	20	0.919	20	0.921	18
冰岛	0.957	17	0.964	11	0.919	19	0.915	19
西班牙	0.947	19	0.942	18	0.928	18	0.912	20
斯洛文尼亚	0.905	23	0.905	22	0.907	21	0.897	21
韩国	0.913	21	0.906	21	0.902	22	0.897	22
葡萄牙	0.904	24	0.899	23	0.895	23	0.880	23
捷克	0.846	31	0.876	27	0.893	24	0.880	24
塞浦路斯	0.897	25	0.891	25	0.888	25	0.876	25
土耳其	0.873	27	0.884	26	0.885	26	0.875	26
克罗地亚	0.854	30	0.875	28	0.884	28	0.874	27
斯洛伐克	0.816	37	0.848	32	0.879	29	0.871	28
匈牙利	0.862	29	0.892	24	0.884	27	0.869	29
阿根廷	0.907	22	0.815	38	0.857	32	0.866	30
智利	0.865	28	0.855	29	0.863	31	0.863	31
波兰	0.841	32	0.852	31	0.866	30	0.856	32
立陶宛	0.803	39	0.846	33	0.855	33	0.854	33
拉脱维亚	0.813	38	0.833	35	0.851	35	0.853	34
俄罗斯	0.746	44	0.798	42	0.835	38	0.846	35
马来西亚	0.828	34	0.820	36	0.842	36	0.844	36
南非	0.821	36	0.835	34	0.851	34	0.841	37
墨西哥	0.881	26	0.854	30	0.841	37	0.836	38
罗马尼亚	0.730	46	0.807	39	0.832	39	0.824	39
哥斯达黎加	0.836	33	0.798	41	0.820	42	0.824	40
哈萨克斯坦	0.701	48	0.760	45	0.811	44	0.824	41
巴西	0.802	40	0.780	43	0.831	40	0.822	42
保加利亚	0.768	43	0.802	40	0.820	41	0.817	43
突尼斯	0.822	35	0.816	37	0.815	43	0.804	44

（续表）

国家	2000 年		2005 年		2010 年		2012 年	
	指数	排名	指数	排名	指数	排名	指数	排名
哥伦比亚	0.782	42	0.765	44	0.795	45	0.802	45
埃及	0.800	41	0.740	46	0.786	46	0.787	46
中国	0.659	51	0.684	50	0.749	48	0.765	47
乌克兰	0.665	50	0.720	48	0.743	50	0.754	48
泰国	0.731	45	0.721	47	0.752	47	0.753	49
斯里兰卡	0.708	47	0.708	49	0.747	49	0.753	50
印度尼西亚	0.673	49	0.681	51	0.735	51	0.740	51
印度	0.653	52	0.657	52	0.709	52	0.708	52

17. 专利申请总量指数及其排名

国家	2000 年		2005 年		2010 年		2012 年	
	指数	排名	指数	排名	指数	排名	指数	排名
中国	0.789	5	0.893	4	1.000	1	1.000	1
日本	1.000	1	1.000	1	0.999	2	0.953	2
美国	0.934	2	0.955	2	0.985	3	0.948	3
韩国	0.871	3	0.914	3	0.937	4	0.903	4
德国	0.844	4	0.842	5	0.855	5	0.815	5
俄罗斯	0.782	6	0.786	6	0.815	6	0.778	6
英国	0.778	7	0.764	7	0.766	7	0.731	7
法国	0.742	8	0.747	8	0.763	8	0.727	8
印度	0.599	17	0.660	10	0.722	10	0.695	9
意大利	0.698	9	0.709	9	0.722	9	0.685	10
巴西	0.627	12	0.648	11	0.663	11	0.643	11
土耳其	0.437	38	0.533	28	0.641	14	0.637	12
波兰	0.605	16	0.594	18	0.641	13	0.636	13
西班牙	0.615	13	0.626	13	0.650	12	0.613	14
澳大利亚	0.588	20	0.612	14	0.619	17	0.597	15
乌克兰	0.671	10	0.638	12	0.623	15	0.593	16

（续表）

国家	2000 年		2005 年		2010 年		2012 年	
	指数	排名	指数	排名	指数	排名	指数	排名
荷兰	0.607	15	0.601	17	0.622	16	0.589	17
瑞典	0.649	11	0.611	15	0.611	19	0.586	18
奥地利	0.590	19	0.603	16	0.619	18	0.585	19
芬兰	0.611	14	0.586	20	0.592	20	0.564	20
瑞士	0.594	18	0.578	22	0.587	22	0.553	21
新西兰	0.567	23	0.589	19	0.585	24	0.551	22
哈萨克斯坦	0.563	24	0.572	24	0.590	21	0.550	23
丹麦	0.580	21	0.578	23	0.587	23	0.550	24
以色列	0.574	22	0.579	21	0.578	25	0.545	25
墨西哥	0.472	35	0.497	34	0.545	30	0.543	26
马来西亚	0.414	42	0.488	36	0.565	27	0.532	27
罗马尼亚	0.537	27	0.532	29	0.574	26	0.525	28
泰国	0.492	32	0.530	30	0.564	28	0.525	29
挪威	0.558	25	0.549	25	0.558	29	0.524	30
捷克	0.491	33	0.497	33	0.538	32	0.513	31
比利时	0.494	31	0.488	35	0.511	36	0.502	32
阿根廷	0.542	26	0.543	26	0.540	31	0.500	33
匈牙利	0.521	30	0.512	32	0.514	35	0.496	34
埃及	0.488	34	0.473	37	0.509	37	0.495	35
葡萄牙	0.342	45	0.395	43	0.494	39	0.488	36
南非	0.529	29	0.539	27	0.533	33	0.486	37
印度尼西亚	0.393	43	0.426	42	0.496	38	0.477	38
爱尔兰	0.531	28	0.521	31	0.524	34	0.470	39
斯洛文尼亚	0.445	37	0.456	40	0.484	40	0.462	40
智利	0.427	39	0.460	39	0.460	41	0.441	41
保加利亚	0.423	41	0.434	41	0.436	43	0.417	42
克罗地亚	0.453	36	0.460	38	0.441	42	0.412	43
斯里兰卡	0.331	47	0.390	45	0.430	45	0.411	44

（续表）

国家	2000 年		2005 年		2010 年		2012 年	
	指数	排名	指数	排名	指数	排名	指数	排名
哥伦比亚	0.336	46	0.359	47	0.388	47	0.406	45
拉脱维亚	0.357	44	0.368	46	0.412	46	0.399	46
斯洛伐克	0.425	40	0.394	44	0.433	44	0.388	47
立陶宛	0.326	48	0.329	48	0.372	48	0.356	48
突尼斯	0.299	50	0.314	49	0.344	49	0.328	49
冰岛	0.306	49	0.300	50	0.321	50	0.274	50
哥斯达黎加	0.162	52	0.162	52	0.165	51	0.175	51
塞浦路斯	0.179	51	0.234	51	0.110	52	0.105	52

18. 每百万人口专利申请数指数及排名

国家	2000 年		2005 年		2010 年		2012 年	
	指数	排名	指数	排名	指数	排名	指数	排名
韩国	0.936	2	0.989	2	1.000	1	1.000	1
日本	1.000	1	1.000	1	0.983	2	0.972	2
美国	0.839	4	0.861	3	0.877	3	0.877	3
德国	0.845	3	0.843	4	0.846	4	0.837	4
中国	0.512	36	0.639	25	0.752	14	0.801	5
新西兰	0.798	7	0.820	5	0.803	5	0.782	6
芬兰	0.824	5	0.794	6	0.791	6	0.780	7
奥地利	0.755	13	0.771	10	0.780	8	0.765	8
丹麦	0.783	9	0.781	7	0.782	7	0.759	9
英国	0.797	8	0.778	8	0.766	9	0.756	10
瑞典	0.820	6	0.772	9	0.760	10	0.755	11
法国	0.751	15	0.755	13	0.759	11	0.749	12
斯洛文尼亚	0.711	19	0.725	16	0.752	13	0.744	13
挪威	0.773	10	0.760	12	0.757	12	0.738	14
俄罗斯	0.714	17	0.721	17	0.744	16	0.737	15
瑞士	0.772	11	0.750	14	0.748	15	0.729	16

（续表）

国家	2000 年		2005 年		2010 年		2012 年	
	指数	排名	指数	排名	指数	排名	指数	排名
以色列	0.764	12	0.763	11	0.742	17	0.722	17
荷兰	0.712	18	0.702	20	0.718	20	0.704	18
意大利	0.700	20	0.705	19	0.714	21	0.701	19
波兰	0.624	27	0.611	29	0.659	25	0.683	20
冰岛	0.727	16	0.717	18	0.734	18	0.682	21
澳大利亚	0.669	22	0.694	21	0.684	22	0.682	22
爱尔兰	0.755	14	0.735	15	0.725	19	0.677	23
拉脱维亚	0.583	32	0.605	30	0.661	24	0.663	24
哈萨克斯坦	0.665	23	0.673	22	0.682	23	0.657	25
捷克	0.609	29	0.618	28	0.657	26	0.650	26
西班牙	0.630	26	0.638	26	0.651	27	0.635	27
匈牙利	0.646	24	0.637	27	0.634	28	0.634	28
比利时	0.613	28	0.603	31	0.621	31	0.633	29
土耳其	0.366	46	0.479	43	0.596	34	0.620	30
葡萄牙	0.423	44	0.488	42	0.603	33	0.618	31
乌克兰	0.682	21	0.644	24	0.619	32	0.611	32
克罗地亚	0.641	25	0.654	23	0.625	30	0.608	33
罗马尼亚	0.591	30	0.587	32	0.632	29	0.596	34
马来西亚	0.433	42	0.517	41	0.595	35	0.576	35
立陶宛	0.507	37	0.519	40	0.574	37	0.571	36
保加利亚	0.549	33	0.567	33	0.568	38	0.564	37
斯洛伐克	0.589	31	0.551	34	0.594	36	0.556	38
巴西	0.506	38	0.524	38	0.528	39	0.531	39
智利	0.489	39	0.525	37	0.514	41	0.510	40
阿根廷	0.548	34	0.546	35	0.520	40	0.503	41
泰国	0.436	41	0.478	44	0.510	42	0.487	42
南非	0.513	35	0.519	39	0.497	43	0.461	43
斯里兰卡	0.351	48	0.420	45	0.459	44	0.454	44

（续表）

国家	2000 年		2005 年		2010 年		2012 年	
	指数	排名	指数	排名	指数	排名	指数	排名
墨西哥	0.361	47	0.386	48	0.430	45	0.453	45
埃及	0.425	43	0.398	46	0.426	46	0.430	46
印度	0.296	49	0.364	49	0.421	47	0.421	47
突尼斯	0.377	45	0.391	47	0.420	48	0.416	48
塞浦路斯	0.446	40	0.542	36	0.378	49	0.372	49
哥伦比亚	0.284	50	0.305	50	0.329	50	0.368	50
印度尼西亚	0.195	52	0.229	51	0.300	51	0.300	51
哥斯达黎加	0.223	51	0.224	52	0.278	52	0.294	52

五、中国人力资源竞争力评价指标发展情况

一级指标	三级指标	2000 年		2005 年		2010 年		2012 年	
		指数	实际值	指数	实际值	指数	实际值	指数	实际值
人力资源规模结构	15~64 岁人口总数/万人	100	72432.57	104.73	75861.29	106.88	77417.23	108.74	78763.23
	15~64 岁人口占总人口的百分比/%	100	67.53	106.35	71.82	108.84	73.51	108.59	73.34
	人口年龄中位数	100	29.55	109.04	32.22	116.95	34.56	118.85	35.12
人力资源开发质量	人均预期寿命/年	100	72.14	102.65	74.05	103.80	74.89	104.24	75.20
	人均受教育年限（12 岁及以上）/年	100	6.60	107.58	7.10	113.64	7.50	113.64	7.50
	科学家与工程师人数/千人	100	695.06	160.95	1118.70	174.21	1210.84	202.00	1404.02
	每十万人口科学家与工程师人数/人	100	542.84	156.34	848.67	164.04	890.44	187.82	1019.57

（续表）

一级指标	三级指标	2000 年		2005 年		2010 年		2012 年	
		指数	实际值	指数	实际值	指数	实际值	指数	实际值
人力资源开发能力	人均预期受教育年限/年	100	9.30	115.05	10.70	133.01	12.37	140.57	13.07
	每十万人口在校大学生数/人	100	575.13	271.74	1562.86	396.98	2283.15	411.43	2366.23
	在校大学生数/人	100	7364111	280.00	20601219	421.60	31046735	442.49	32585961
	公共教育经费占GDP比例/%	100	2.87	97.91	2.81	127.53	3.66	149.13	4.28
	人均公共教育经费/美元	100	27.00	181.48	49.00	588.89	159.00	914.81	247.00
	公共卫生支出占GDP比例/%	100	1.77	102.57	1.82	152.71	2.70	171.14	3.03
	人均公共卫生支出/美元	100	16.49	191.04	31.50	717.21	118.25	1118.83	184.47
人力资源贡献	国内生产总值/十亿美元	100	1192.85	191.75	2287.26	498.77	5949.65	703.08	8386.68
	劳动生产率/美元	100	2135.99	192.83	4118.92	508.90	10870.12	701.13	14976.03
	专利申请总量/件	100	25346.00	368.84	93485.00	1156.26	293066.00	2112.02	535313.00
	每百万人口专利申请数/件	100	19.79	358.27	70.92	1088.75	215.52	1963.81	388.73

后　记

本书是在教育部教育发展研究中心研究团队一系列相关课题研究成果的基础上形成的，这些研究课题主要有：

一是国家社会科学基金"十二五"规划 2012 年度教育学一般课题"人力资源指标体系与监测评估研究"，由韩民（时任教育部教育发展研究中心副主任、研究员）主持，于 2013 年 3 月开题，2014 年 12 月结题。该课题研究的直接目的是为《国家中长期教育改革和发展规划纲要（2010—2020 年）》中提出的到 2020 年"进入人力资源强国行列"的战略目标实施监测评估提供支持。该研究拟在既往相关研究成果的基础上，深入研究人力资源强国的指标体系，力争在评估方法、评估指标、数据库建设等方面有所突破，特别注重加强人力资源质量和开发利用效果等的评估。该课题组主要成员有：高书国（时任教育部教育发展研究中心教育战略研究室主任、研究员）、窦现金（时任教育部教育发展研究中心终身教育研究室主任、博士）、王蕊（时任教育部教育发展研究中心教育政策评估研究室主任、副研究员）、安雪慧（时任教育部教育发展研究中心教育政策评估研究室副研究员）、玉丽（时任教育部教育发展研究中心教育战略研究室副研究员）、梁彦（时任教育部教育发展研究中心终身教育研究室助理研究员）等。

二是 2013 年批准的教育部哲学社会科学研究重大课题委托项目（教育政策研究）"人力资源强国水平评估"，该课题研究的主要目的是为《国家中长期教育改革和发展规划纲要（2010—2020 年）》的中期评估提供支持。该课题由韩民主持，课题组主要成员与上述课题组成员基本相同，数据搜集与初步分析工作由北京科技大学杨晓明教授及其团队承担。

三是国家哲学社会科学国家项目"人力资源强国指标体系建设与实证研究"，该课题由高书国主持，主要参与人员有北京科技大学杨晓明教授、中国人民大学教育学院杨海燕副教授，北京科技大学部分研究生参与了相关数据的收集和梳理工作。

本研究团队通过以上课题尝试对人力资源评价指标体系进行持续的研究、深化与改进。这些研究的成果以各种形式提交国家教育决策部门，不仅为《国家中长期教育改革和发展规划纲要（2010—2020 年）》的中期评估提供评价依据，也为"十三五"教育规划的制定提供决策参考，还为 2020 年决胜全面建成小康社会背景下人力资源强国建设的监测评估提供重要参考。

本书是在以上研究成果的基础上形成的。本书执笔者如下：第一章为高书国、杨晓明；第二章为韩民、高书国、杨晓明、梁彦；第三章为杨晓明、玉丽；第四章为安雪慧、王蕊；第五章为王蕊、玉丽；第六章为韩民、高书国。高书国对书稿进行了初次统稿，韩民对书稿进行了最终统稿。

作为本研究的负责人谨对参与相关课题研究及撰稿的所有人员表示衷心感谢！向相关课题研究与评审过程中曾提出过宝贵意见和建议的专家学者表示衷心感谢！

本专著相关课题研究完成于 2017 年以前，数据截至 2015 年前后，在形成本书时执笔者仅对这些研究结论进行了重新梳理与深入讨论，未对数据进行更新。主要原因是我们认为基于 2015 年前人力资源竞争力相关数据的分析，对于揭示我国人力资源强国建设的发展进程具有重要价值，同时对完善人力资源强国评价指标体系，对在新形势下探讨我国的人力资源强国建设战略具有重要意义。

本专著是教育部教育发展研究中心研究团队持续多年研究的成果，在研究过程中，我们对人力资源强国评价指标体系进行多次改进。尽管如此，由于人力资源强国内涵的丰富性、评价的复杂性及数据可获得性等局限，我们所采用的评价指标体系及方法仍存在不足之处，需要持续的研究加以完善。

2017 年 10 月召开的中国共产党第十九次全国代表大会，从新时代坚持和发展中国特色社会主义的战略高度，作出了优先发展教育事业、加快教育现代化、建设教育强国的重大部署。在 2018 年 9 月召开的改革开放以来的第五次全国教育大会上，习近平指出，教育是民族振兴、社会进步的重要基石，是功在当代、利在千秋的德政工程，对提高人民综合素质、促进人的全面发展、增强中华民族创新创造活力、实现中华民族伟大复兴具有决定性意义。教育是国之大计、党之大计。2019 年 2 月，中共中央、国务院印发了《中国教育现代化 2035》，提出了推进教育现代化的总体目标："到 2020 年，全面实现'十三五'发展目标，教育总体实力和国际影响力显著增强，劳动年龄人口平均受教育年限明显增加，教育现代化取得重要进展，为全面建成小康社会作出重要贡献。在此基础上，再经过 15 年努力，到 2035 年，总体实现教育现代化，迈入教育强国行列，推动我国成为学习大国、人力资源强国和人才强国，为到本世纪中叶建成富强民主文明和谐美丽的社会主义现代化强国奠定坚实基础。"党的十九大、全国教育大会和《中国教育现代化 2035》为我国建设人力资源强国作出了新的战略部署，也为人力资源强国评价指标体系的研究提供了新的政策依据和动力。

期待本书的出版能够助力我国的人力资源强国建设，对深化人力资源强国监测评估相关研究产生积极作用。

韩民　高书国
2019 年 8 月